شادی کی آخری سالگرہ

(ڈراما)

مترجم:
مغنی تبسم

مصنف:
شیو۔کے۔کمار

© Taemeer Publications LLC

Shaadi ki aakhri Salgirah *(Drama)*

by: Mughni Tabassum

Edition: January '2023

Publisher & Printer:

Taemeer Publications LLC (Michigan, USA / Hyderabad, India)

ISBN 978-81-19022-85-4

9 788119 022854

مصنف یا ناشر کی پیشگی اجازت کے بغیر اس کتاب کا کوئی بھی حصہ کسی بھی شکل میں بشمول ویب سائٹ پر اَپ لوڈنگ کے لیے استعمال نہ کیا جائے۔ نیز اس کتاب پر کسی بھی قسم کے تنازع کو نمٹانے کا اختیار صرف حیدرآباد (تلنگانہ) کی عدلیہ کو ہوگا۔

© تعمیر پبلی کیشنز

کتاب	:	**شادی کی آخری سالگرہ** (ڈراما)
مترجم	:	**مغنی تبسم**
مصنف	:	**شیوکے کمار**
صنف	:	ڈراما
ناشر	:	تعمیر پبلی کیشنز (حیدرآباد، انڈیا)
سالِ اشاعت	:	۲۰۲۳ء
تعداد	:	(پرنٹ آن ڈیمانڈ)
صفحات	:	۵۰
سرورق ڈیزائن	:	تعمیر ویب ڈیزائن

پہلا منظر

سوما کی ایک شام — وقت: چھ بجے

ایک فرنیچر سے مزین کشادہ ڈرائنگ ردم ۔ ایک بڑا صوفا جس کے سامنے کافی کی میز ہے ۔ اور میز کی دونوں جانب دو دو کرسیاں دھری ہیں چند گلدستے ۔ دیوار پر تصویریں آویزاں ہیں ۔ زیادہ تر عصری آرٹ کے چربے ہیں سر سے کسی قدر بلندی پر کاغذی تورن آڑے ترچھے پھیلے ہوئے ہیں (ان میں سے بعض چاند اور ستاروں کی وضع کے ہیں) جن کو گرہیں دے کر مختلف نمونے بنائے گئے ہیں ، اور بیچ بیچ میں رنگ برنگی غبارے باندھے گئے ہیں. اس کی وجہ سے کسی تقریب کی سی فضا پیدا ہو گئی ہے ۔

اسٹیج کی داہنی طرف کونے میں ایک عارضی طور پر بنایا ہوا بار۔ ایک میز جس پر شراب کی چند بوتلیں نیم دائرے کی شکل میں سجی ہوئی ہیں. ایک کونے میں چند خالی گلاس اور برف کی بالٹی دھری ہے ۔

اسٹیج کے بائیں حصے کو چوبی اسکرین لگا کر علاحدہ کر دیا گیا ہے۔ اسکرین کے بیچوں بیچ ایک دروازہ ہے جو گھر کے اندرونی حصے میں کھلتا ہے۔ اسکرین کے دروازے کے قریب ایک چھوٹی تپائی پر ٹیلیفون رکھا ہے ۔

بائیں طرف کونے کی کرسی اور اسکرین کے درمیان ایک اسٹیریو ورکر ڈیلیٹر ہے جس کے سہارے دونوں جانب چند البم رکھے ہوئے ہیں ۔

جوں ہی پردہ اٹھتا ہے. للت کھنہ جو تیس کے پیٹے میں ہے ایک

سٹول پر کھڑا دیوار پر ٹنگی ایک تصویر کو جو ایک طرف جھکی ہوی ہے سیدھا کرتا اور تورن کے ڈھیلے کناروں کو باندھتا، دکھائی دیتا ہے۔ وہ سگریٹ پی رہا ہے۔

فون کی گھنٹی بجتی ہے اور اندر سے ایک زنانہ آواز سنائی دیتی ہے۔

"اسے میں اٹھاؤں گی" رسیور اٹھانے کے لیے دروازے سے للت کی بیوی روپا داخل ہوتی ہے۔

●

روپا: ہیلو پورنیا! ہاں ..... ہاں ..... للت کو، چیمبر آف کامرس میں وید کے صدارتی خطبہ کو ٹھیک کرنے کے لیے۔ یقیناً، کیوں نہیں؟ لیکن وہ خود آج شام اس بارے میں للت سے گفتگو کیوں نہیں کرتے۔ کیا تم ہماری پارٹی میں نہیں آرہی ہو؟ ...... کیا؟ .... دعوت نامہ نہیں ملا؟ یہ ناممکن ہے۔ للت نے گزشتہ ہفتے دعوت نامے بھیج دیے تھے۔ حیرت ہے! اوہ پلیز۔ کوشش کرو اور اس مختصر اطلاع پر بھی آجاؤ ..... کسی اور سے وعدہ ہے؟ کیا ظلم ہے! میں تم دونوں کی کمی محسوس کروں گی۔ ..... اچھا میں للت سے وید کی تقریر کے بارے میں کہہ دوں گی اور تم کو اطلاع دوں گی۔ نمستے!

(وہ رسیور رکھ کر فوراً للت کی طرف پلٹتی ہے)

تمھیں یہ جسارت کیسے ہوی کہ اگروال خاندان کو دعوت دینا بھول جاؤ! وید ان لوگوں میں سے ہے جو کسی روز تمھارے کام آسکتے ہیں۔ (وقفہ)

اگر تم زندگی بھر کسی کی جی حضوری میں مگن رہنا چاہو تو دوسری بات ہے۔

للت: (سکون کے ساتھ) میں بھولا نہیں تھا۔

روپا: تم کیا کہہ رہے ہو؟! (اس کی طرف الزام لگانے کے انداز میں انگلی دکھلاتے ہوے آگے بڑھتی ہے) تم نے جان بوجھ کر انھیں مدعو نہیں کیا؟

للت : ہاں۔

رادپیا : (سخت غصے میں چیخ کر) کس لیے؟

للت : تم جانتی ہو کس لیے۔ میں اسے اپنا شریکِ کار نہیں بنانا چاہتا، کیوں کہ میں اپنا ذاتی رسالہ جاری کرنے کا کوئی ارادہ نہیں رکھتا۔ اپنے لیے مزید مسائل پیدا کرنے کی مجھے خواہش نہیں ہے۔ میں اب جس حالت میں ہوں اسی میں اپنے کو بالکل آزاد اور خوش محسوس کرتا ہوں۔ اور پوری طرح مطمئن۔

رادپیا : (تحقیر کے ساتھ) تو یہ ہے میرا شوہر۔ جس میں کوئی حوصلہ نہیں۔ کوئی اُمنگ نہیں کوئی حِس نہیں۔ کچھ بھی نہیں۔ تم یہ اعتراف کیوں نہیں کر لیتے کہ ایک بندھی ہوئی محفوظ ملازمت نے تمہیں جکڑ رکھا ہے..... واقعی۔ ایک عام پسند رسالے کا بھاڑے کا مدیر! تم بس یہی کچھ ہو۔ تم نہیں جانتے؟ تمہارے آقا اس رسالے سے کتنا کما رہے ہیں (وہ کافی کی میز پر سے ایک رسالہ اٹھا کر اس کی آنکھوں کے آگے گھماتی ہے)

للت : مجھے نہیں معلوم اور نہ مجھے اس کی پروا ہے (اسٹول پر سے نیچے اتر آتا ہے۔ سگریٹ کے ٹکڑے کو ایش ٹرے میں پھینک دیتا ہے اور کرسی میں دھنس جاتا ہے) اور یہ بھی سن لو کہ میں ایک بھاڑے کا ادیب بھی بننا نہیں چاہتا۔ ویدکو اپنی تقریریں خود ہی لکھنے دو۔

رادپیا : (چیخ کر) کیا تمہارا دماغ ٹھکانے ہے؟ پاگل کہیں کے۔

للت : (اس کی طرف گھورتے ہوئے) اس طرح مجھ پر برس کر آج کی شام برباد نہ کرو۔ مت بھولو کہ یہ تمہاری شادی کی سال گرہ ہے۔

رادپیا : میری؟ اور تمہاری نہیں؟

للت : بے شک ہماری۔ اگر تم پسند کرو۔

رادپیا : بعض اوقات میں یہ محسوس کرتی ہوں کہ تم تنہا سفر کر رہے ہو اور میں صرف...
(فون کی گھنٹی دوبارہ بجتی ہے اور وہ اس کی طرف جواب دینے کے لیے بڑھتی ہے) ہیلو کمود! کیسی ہو ڈیر۔ یہ تمہاری مہربانی ہے کہ اپنی دوسری مصروفیات چھوڑ کر ہماری

پارٹی میں آرہی ہو۔ نہیں۔ آٹھ بجے نہیں۔ ساڑھے سات بجے۔ کم، اب دیر نہ کرو۔ بائی۔ (رسیور رکھ دیتی ہے)

للت: حیرت کی بات ہے۔ ایک عورت کس طرح دوہری اداکاری کر سکتی ہے۔ اپنے شوہر کے ساتھ اتنی بدمزاج اور اپنے دوستوں کے ساتھ ایسی خلیق، اس قدر شیریں!

روپا: بیہودہ مت بکو۔ تم خود اپنی روح میں جھانک کر کیوں نہیں دیکھتے؟

للت: (طنز کے ساتھ) میری روح؟ ہو سکتا ہے کہ مجھ میں کوئی روح نہ ہو۔

روپا: بس! بہت ہو چکا۔ اب اسے ختم کرو۔ (ریکرڈ پلیئر کی طرف پلٹتے ہوئے) کیا تم مہربانی کر کے کوئی ہلکی اور خوش گوار چیز بجاؤ گے۔

للت: (کھڑا ہو جاتا ہے اور ریکرڈ پلیئر کی طرف بڑھتا ہے) ہلکی اور خوش گوار اور ہلکی۔ یہ ہے میری عزیز بیوی۔ تمھارا مطلب ہے کہ کوئی چیز جو ہماری بیاہتا زندگی سے ہم آہنگ ہو؟

روپا: اس وقت تو میں یہ بات پی جاؤں گی۔ مگر اُف یہ بھیتری چوٹیں! یہ اہانتیں! اور یہ سب کچھ میری شادی کی سال گرہ پر (دروازے پر دستک کی آواز۔ روپا جواب دینے کے لیے بڑھتی ہے) میں جانتی ہوں کون ہے۔ ونود ہونا چاہیے۔ تمھارا ہم زاد۔ اوہ میں اس شخص سے کتنی نفرت کرتی ہوں! (وہ آدھے راستے سے پلٹ آتی ہے) نہیں۔ بہتر ہے کہ تمھیں جواب دو۔ وہ بالکل تمھارا ہے۔ مجھے اس سے کوئی سروکار نہیں۔

للت: (ریکرڈ پلیئر کو چھوڑ کر جھلاہٹ کے ساتھ دروازے کی طرف جاتا ہے۔) کیا تم اپنی بدمزاجی کو قابو میں رکھو گی؟ میری شائستہ اور خلیق بیوی! میں جانتا ہوں تم میرے کسی دوست کو برداشت نہیں کر سکتیں۔ لیکن مہذب بننے کی کوشش تو کر سکتی ہو۔ اگر یہ ہماری شادی کی سال گرہ نہ ہوتی تو میں اسی لمحے یہاں سے چلا جاتا۔

روپا: ٹھیک ہے مائی ڈیر۔ بہت جلد کسی روز میں تمھیں ایسا کرنے دوں گی، یا ہو سکتا ہے کہ خود میں یہاں سے چلی جاؤں۔

(وہ ناک سڑکتی اور یوں ظاہر کرتی ہے جیسے رو رہی ہو اگرچہ وہ اس میں پوری طرح کامیاب نہیں ہوتی۔ اسی دوران دروازے پر دوبارہ دستک ہوتی ہے۔ اس بار دستک کی آواز زیادہ اونچی اور مسلسل سنائی دیتی ہے)

وہاں صاحبِ مسبری کے ساتھ تم سے ملاقات کا منتظر ہے۔ تم دونوں میرے جلد مر جانے کا جام پیو۔ کیا تم ایسا کرو گے؟ مجھے کوسو۔ مجھ پر تہمت لگاؤ۔ تم لوگ جب آپس میں ملتے ہو تو یہی کچھ کرتے ہو۔ میں ہر چیز جانتی ہوں۔ میں اس سے نفرت کرتی ہوں۔ شدید نفرت!

وہ اپنے بائیں ہاتھ سے جھوٹ موٹ آنسو پونچھتی ہے۔ اور چوبی اسکرین کے پیچھے چلی جاتی ہے۔ للت دروازہ کھولتا ہے اور ایک گٹھے ہوئے جسم کا درمیانی عمر کا شخص داخل ہوتا ہے۔

ونود: اتنا جلد ٹپک پڑنے کی معافی چاہتا ہوں للت! سیدھے کلب سے آ رہا ہوں۔ کوئی اور مصروفیت تھی نہیں۔ ہاں۔ چترا نہیں آسکی۔ تم دونوں سے معافی چاہنے کے لیے کہا ہے (ٹھٹھا لگاتا ہے۔ پھر اوپری کاغذی تورن کی طرف دیکھتا ہے) آہا۔ جشن! چاند، ماہ عسل، ستارے! (وقفہ) لیکن پہلے مجھے آج کے پُرمسرت دن کی مبارک باد دینی چاہیے۔

للت: چپ رہو! میں مزید سننا نہیں چاہتا۔ جہنم کا عذاب ہے اس عورت کے ساتھ رہنا۔

ونود: لیکن ذہین جہنم کو ایک جنت بنا سکتا ہے..... کیا حال ہے اس ادبی کوڑے کا؟ لیکن اب اسے رہنے دو..... آج تم کچھ اداس اور کھوئے ہوئے سے ہو۔ میں محسوس کر رہا ہوں۔ (وقفہ) دیکھو تمھارے اور روپا کے لیے ایک تحفہ ہے خاص اس مبارک موقع کے لیے۔

(للت پارسل کھولتا ہے اور اس میں سے مراکو کے چرم کی جلد والی ایک کتاب باہر نکالتا ہے)

یہ رہی ۔ اسے پڑھو اور اس میں جو دانش کی باتیں ہیں ان پر غور و فکر کرو۔ سقراط بھی اس سے بہتر خیالات نہیں دے سکتا تھا ۔

للت : (کتاب کا نام دیکھتے ہوئے) "شادیاں اور مسرتیں" ! خبیث ! (کتاب کافی کی میز پر پھینک دیتا ہے)

ونود : پیارے ! اب اس کتاب کی توہین نہ کرو ۔ اگر تم دونوں مل کر اس کا مطالعہ کرو تو یہ کتاب معجزے دکھا سکتی ۔ بستر میں !

للت : کیا تم یہ ہذیان بند کر کے اپنے لیے جام نہیں بناؤ گے ؟ (ہاتھ سے بار کی طرف اشارہ کرتا ہے) تم کو بہت پیاس لگی ہوگی ۔ اپنا جام خود بنالو۔

(ونود بار کی طرف جاتا ہے ۔ غور سے بوتلوں کو دیکھتا ہے اور اپنے لیے رم کی ایک بڑی گلاس بناتا ہے ۔)

ونود : میرے لیے رم ٹھیک ہے ۔ تم کیا لوگے ؟

للت : مجھے کچھ نہیں چاہیے ۔ میں تو امرت پی چکا ہوں۔

ونود : یار ! تمھیں کیا ہوگیا ہے ۔ لگتا ہے پھر وہی واقعہ پیش آیا ہے ۔ تم کچھ اکھڑے ہوئے سے لگ رہے ہو ۔ کیا پھر کوئی ہلڑ ہوا ؟ (قریب کھسک کر سرگوشی کرتا ہے) تمھارے لیے ایک خوش خبری لایا ہوں ـــــــــــ شادی کا ایک حقیقی تحفہ !

للت : کیا ؟

ونود وہ یہیں ہے ۔ شہر میں۔

للت : کون ؟

ونود : (ہونٹوں پر انگلی رکھ کر اور احتیاط کے ساتھ اطراف نظر ڈالتے ہوئے)

شی ۔ شی ۔ نیلا ! لو اب اپنے خیالات کو سنہرے خواب کی طرف موڑ دو اور چین کرو میرے دوست ۔

للت : (بات کاٹ کر) لیکن یہ کوئی چونکانے والی بات نہیں ہے ۔ میں جانتا ہوں کہ وہ

یہاں ہے۔

ونود: کیا؟

للت: اس نے مجھے مبارک باد کا کارڈ بھیجا ہے۔ سنہری فیتہ بندھا ہوا۔ اور دل کی شکل کا۔ صبح کی ڈاک سے وصول ہوا۔ اگرچہ کتنی ناگوار یاد آوری ہے۔

ونود: تو تم اس کے بارے میں جانتے ہو۔ میں سمجھا تھا.....

للت: لیکن اسے اپنا مقامی پتا نہیں دینا چاہیے تھا۔ ہوٹل پلازا وغیرہ۔ فرض کرو میری بیوی اسے دیکھ لیتی۔ تب خاتمہ یقینی تھا۔

ونود: تب اس خاتمے میں تمھارا آغاز شامل ہوتا۔

للت: پھر وہی مسخراپن۔ اب اسے چھوڑو بھی۔

ونود: ٹھیک ہے۔ تب وہ کس طرح تمھیں بتاتی کہ وہاں اس سے ملاقات کرو یہ عورت کا ایک طریقہ ہے تمھیں ہدایت دینے کا۔ تم ادبی مدیر بھی کتنے بدھو ہوتے ہو۔

للت: ہو سکتا ہے کہ تمھارا خیال ٹھیک ہو۔

ونود: یقیناً۔ میں ہمیشہ ٹھیک ہی کہتا ہوں۔

للت: ہاں میرے پیارے سقراط۔ ذرا سوچو، اگر وہ میرے گھر پر مجھے فون کرے تو کیا میری بیوی کے شبہات کو تقویت نہیں پہنچے گی؟

ونود: بے شک۔ لیکن تم یہ کہہ سکتے ہو کہ نیلا تمھاری پرانی ہم جماعت ہے۔ اگرچہ (داہنی کہنی سے للت کو ٹھوکا دے کر) بات کچھ اور بھی ہے۔

للت: تم پھر بہکنے لگے۔ کیا تم ذرا سی دیر کے لیے بھی سنجیدہ نہیں رہ سکتے؟ (وقفہ) روپا اگر مبارک باد کا کارڈ دیکھ لیتی تو مجھ سے کوئی جواب بن نہیں پڑتا اور اسی پر سارا معاملہ چوپٹ ہو جاتا۔

ونود: لیکن مجھے امید ہے کہ تم نے اسے احتیاط کے ساتھ محفوظ رکھا ہوگا۔ رکھا کہ نہیں؟

للت: ہاں۔ رکھا ہے..... تم جانتے ہو اگر کبھی ان دونوں کا آمنا سامنا ہو جائے تو

رو یا سب کچھ جان لے گی ۔ یقیناً ۔

ونود : کس طرح ؟

للت : ایک تو یہ کہ نیلا ابھی غیر شادی شدہ ہے ۔ خوب صورت ہے ۔۔۔۔ اور پھر اس کی آنکھیں آسانی سے دل کا بھید ظاہر کر دیتی ہیں ۔

ونود : بھلے مانس ! تم عورت کو نہیں جانتے ۔ خدا نہ کرے کہ کبھی نیلا ایسی صورت حال سے دوچار ہو ۔ بہ فرضِ محال ایسا ہو بھی تو وہ تمھاری خاطر اپنے حقیقی جذبات کو ظاہر نہ ہونے دے گی ۔ محض خود حفاظتی کی اندرونی تحریک ! غور کرو اس نے کس قدر احتیاط برتی ہے کہ تمھیں صرف مبارک باد کا کارڈ بھیجا ۔

للت : یہ اس کی دور اندیشی تھی ۔ حقیقت یہ ہے کہ میں سب سے زیادہ اسی وجہ سے اس سے محبت کرتا ہوں ۔۔۔۔۔ جب مجھے احساس ہوتا ہے کہ میں اس سے شادی کر سکتا تھا ۔ (ٹھنڈی سانس بھرتا ہے) اس شام ، تین سال پہلے ! ہم پارک میں ایک بنچ پر بیٹھے تھے ۔ اچانک اس نے میرا ہاتھ تھام لیا ۔ میری طرف دیکھنے لگی ۔ اوہ ۔ وہ آنکھیں ۔ وہ گہرے سیاہ کنڈ ۔ قریب تھا کہ میں اس کا ہاتھ چوم لیتا ۔ اسی وقت ایک چھوٹی بچی وہاں آ گئی اور اس نے ہم کو ایک پھول پیش کیا ۔

(للت اس یاد میں کھو جاتا ہے اور خلا میں گھورنے لگتا ہے)

ونود : بکھرے ہوئے خواب !

للت : ہاں ۔ لیکن جو کچھ ہو چکا ہے اب اسے بدلا نہیں جا سکتا ۔

ونود : سراسر بکواس ہے ۔ میں اسے نہیں مانتا ۔

للت : (گہری سانس لے کر) اب میرے لیے جام بھرو ۔ کوئی سی شراب ہو ۔ بہت ہی تند اور میری اس ابدی قید کا جام نوش کریں ۔ یہ طوق جو میرے گلے میں پڑا ہے ۔

ونود : (متاثر ہو کر) اپنے آپ کو یوں ہلکان نہ کرو للت ! (اس کے لیے گلاس میں دوگنا پیگ بناتا ہے) ہو سکتا ہے کہ اس بار میں موردِ الزام نہ بنوں ۔ کیوں کہ میں وقت سے بہت

پہلے آگیا۔ مجھے معلوم ہے کہ میری موجودگی اسے ہمیشہ مشتعل کرتی ہے۔ معافی چاہتا ہوں دوست!

للت: نہیں نہیں۔ یہ تمھارے آنے سے بہت پہلے شروع ہو چکا تھا۔ وہ اگروال خاندان کو مدعو کرنا چاہتی تھی۔ تم وید اور پورنیما کو جانتے ہو۔ عظیم سرمایہ دار! وید کی دولت اور میری صلاحیت! حسبِ معمول وہی لغویت اور وہ سمجھتی ہے کہ مجھ میں ہمت نہیں، کوئی ولولہ نہیں ہے۔ اس کے بھڑکنے کا فی الفور سبب یہی تھا۔ سوائے اس کے کہ اس کے ذہن میں کوئی اور بات ہو۔

ونود: اب اسے بھول جاؤ۔ میں سمجھتا ہوں کہ دوسرے مہمان اب آتے ہی ہوں گے۔ (اپنی گھڑی کی طرف دیکھتے ہوئے) تمھارا موڈ شاید بہتر ہو جائے۔ اب وقت قریب آ پہنچا۔ سات بیس ہونے کو ہیں۔

للت: مجھے ان تقاریب سے سخت نفرت ہے۔ مثال کے طور پر یہ منحوس شادی کی سال گرہ، سراسر مذاق ہے۔ اسے یہ سارا ڈھونگ رچانے کی کیا ضرورت تھی۔ جب کہ وہ جانتی ہے کہ.....

ونود: میں کہتا ہوں اب اسے بھول جاؤ۔

للت: واحد عافیت بخش بات یہ ہے کہ مہمانوں میں سے اکثر یہ نہیں جانتے کہ اس دعوت کی تقریب کیا ہے۔

ونود: کیا مطلب ہے تمھارا۔؟

للت: میں کبھی کسی کو نہیں بتاتا۔ ہر سال وہ آتے ہیں اور یہ بہانہ کرتے ہیں کہ انھیں اس بارے میں کچھ معلوم نہیں (وقفہ) صرف وہ ابھرتی ہوئی افسانہ نگار اس سے مستثنیٰ ہے۔ وہی ایک ایسی بلا ہے جو میری پیدائش اور شادی کی سال گرہ کی تاریخیں یاد رکھتی ہے اور مجھے توقع ہے کہ میری برسی کی تاریخ بھی یاد رکھے گی۔

ونود: کیا تمھارا اشارہ گل مہر کی طرف ہے؟

للت: ہاں اور وہ میرے پہلو کا دوسرا کانٹا ہے۔

ونود : میرے پیارے بھائی۔ میں اس کانٹے کو برا نہیں سمجھتا۔ وہ حقیقت میں ایک گلاب ہے۔ سفید گلاب! اچھا یہ تو بتاؤ کہ کیا آج رات ڈانس کا پروگرام بھی رہے گا؟

الملت : بالکل نہیں۔ میں اپنے گھر میں یہ دھما چوکڑی پسند نہیں کرتا۔

ونود : اوہ۔ اب ہونے بھی دو۔ اسی دھما چوکڑی میں بڑا لطف آتا ہے۔ ہماری خواتین جو ویسے بہت دور دور اور پہنچ سے باہر رہتی ہیں ہمارے بازوؤں میں اور دوسرے لوگوں کے بازوؤں میں پگھلتی اور جذب ہو جاتی ہیں ۔۔ اپنے شوہروں کے بازوؤں میں بے شک نہیں۔ یہی وجہ ہے کہ میں مغربی رقص کو پسند کرتا ہوں۔ راک یا ٹوِسٹ، تمہارا بھارت ناٹیم واٹیم نہیں۔ ایسا رقص جس میں تم اپنے ہی آپ غم زدہ تنہائی میں کھوئے رہو۔ (وہ ایک پیر پر کھڑا رہ کر بھارت ناٹیم کے انداز کی نقل کرنے کی کوشش کرتا ہے اور تقریباً گر پڑتا ہے)

الملت یہی سب سے بڑی وجہ ہے کہ آج رات تمھارا مرغوب رقص کیوں نہیں ہونا چاہیے تم ایک بے حیا دل پھینک آدمی ہو۔ چرب زبان سودا باز۔ اور میں نہیں چاہتا کہ میرے دوستوں کی بیویوں کو میری شادی کی سالگرہ میں، بے راہ روی کی ترغیب دی جائے۔

ونود، ٹھیک ہے۔ میرے یوگی۔! میں اس دھما چوکڑی پر اصرار نہیں کروں گا۔ میں اپنی رم کی طرف لوٹتا ہوں۔ (وہ اپنے لیے رم کا دوسرا دوہرا پیگ بناتا ہے) اور تم اپنے شکستہ خواب کے ٹکڑوں کو یکجا کر سکتے ہو۔

(روپا اسکرین کے دروازے سے کاجو اور آلو کے قتلوں کی پلیٹ لیے داخل ہوتی ہے اور کافی کی میز پر رکھ دیتی ہے)

روپا : شکستہ خواب! میں جانتی ہوں کس کے خواب؟ میرے غریب شوہر کی حالت پر افسوس ہوتا ہے۔ اس کے تمام سنہرے تصوّرات تحلیل ہو چکے ہیں۔ اس کے چھوٹے سے خوب صورت پر نوچ لیے گئے ہیں۔ دیکھو وہ کس طرح ایک زخمی پرندے کی مانند خاک میں تڑپ رہا ہے۔

ونود : کیا تصویر کشی ہے۔ روپا جی آپ میں ایک ادیب بننے کے تمام اوصاف موجود ہیں۔

روپا: پہلے ہی سے ادیب کیا کم ہیں جو ہر وقت ان پر سوار رہتے ہیں۔

للت: یہ مجھ پر بہت ہی نازیبا اور شرانگیز حملہ ہے۔ تم اس طرح زہرافشانی کرتی کیوں پھر رہی ہو۔ محض اس لیے کہ میں نے اگروال خاندان کو مدعو نہیں کیا؟

روپا: جہنم میں جائیں اگروال۔ صرف وہی ایک سبب نہیں تھا۔

للت: اور کیا بات تھی۔؟

روپا: خیر کوئی بات نہیں۔

للت: (ونود سے) دیکھا! اس طرح ہم اپنی شادی کی سالگرہ منانے جارہے ہیں۔

ونود: پلیز۔ پلیز اب ختم کرو۔ میری خاطر!

(بڑے دروازے پر دستک ہوتی ہے گل مہر۔ خاص وضع کا لباس پہنی ہوئی درمیانی عمر کی خاتون، داخل ہوتی ہے)

گل مہر: (للت اور روپا سے) بہت بہت مبارک باد!

روپا: (سرد مہری کے ساتھ) شکریہ (وقفہ) اگر تم اجازت دو تو مجھے دو ایک کام کرنے ہیں (وہ اُٹھتی ہے اور للت کی طرف پلٹ کر) تم ان کے لیے جام کیوں نہیں بھرتے۔ (اطراف نظر ڈال کر) پھر آپ سب لوگ ادب کے بارے میں گفتگو کرسکتے ہیں پیکر تراشی، محبت اور شکستہ خواب!

گل مہر: (تجسس کے ساتھ اطراف نظر ڈالتی ہے اور فضا میں کچھ کشیدگی سی محسوس کرتی ہے) کیا ایسی کوئی گفتگو یہاں ہو رہی تھی؟ (اسے دوسروں کی طرف سے گمبھیر سکوت میں جواب ملتا ہے۔ تب وہ روپا کی طرف پلٹتی ہے) اس خوشی کے موقع پر میری طرف سے یہ حقیر تحفہ قبول کیجیے۔ (تحفے کا بندھا ہوا پارسل پیش کرتی ہے)۔

روپا: (پیچھے پلٹ کر پارسل کھولتی اور اس میں سے ایک ساری نکلتی ہے) آپ کا بہت شکریہ! لیکن اتنی زحمت کی کیا ضرورت تھی۔

گل مہر: پلیز۔ میری خواہش ہے۔

(روپا دائیں ہاتھ میں ساری لیے اندر جاتی ہے۔ ہلکا سا وقفہ جس میں للت، ونود اور گُل مہر ایک دوسرے کو سوالیہ نظروں سے دیکھتے ہیں)

ونود: (شرارت آمیز زہر خند کے ساتھ) اچھا!

للت: (کاندھے جھٹکا کر) خیر۔ کچھ اور پینا چاہیے۔ (گل مہر سے) تم کیا پسند کروگی؟

گل مہر: براہِ کرم۔ تھوڑی سے وائین۔

للت: بہت خوب۔ تو تھوڑی سے سفید گو لکنڈہ چلےگی۔ حقیقت میں عمدہ چیز ہے۔

(وائین کی گلاس بھرنے کے لیے بار پر جاتا ہے)

ونود: گل! آؤ اب ادب پر گفتگو کریں۔ یا تم تھوڑی دیر میرے ساتھ رقص کرنا پسند کروگی؟ (للت سے ریکرڈ پلیئر کی طرف اشارہ کرتے ہوے) للت! کوئی گرمی پیدا کرنے والی دھن ۔ پلیز۔

للت: (سرد مہری اور سختی کے ساتھ) رقص نہیں ہوگا۔ یہاں جگہ کافی نہیں ہے.....

ونود: (فقرہ مکمل کرتا ہے) دھما چوکڑی کے لیے! (گل مہر سے) رقص کے بارے میں موصوف کا یہی خیال ہے۔

للت: نہیں میں ایسا تو نہیں سمجھتا۔ لیکن اس کے بجائے کیوں نہ ہم کسی موضوع پر گفتگو کریں؟۔

گل مہر: میری ان کہانیوں کے بارے میں جن کو آپ نے شائع کرنے کا وعدہ کیا تھا۔

للت: میں نے ایسا کوئی وعدہ تو نہیں کیا تھا۔ تنہا میں انتخاب نہیں کرتا۔ ہمارے ہاں فکشن کا مدیر ہے۔ شاعری کا مدیر ہے اور مصوّری کا مدیر۔

(اسکرین کے دروازے سے ایک ملازمہ داخل ہوتی ہے اور انتظار کرتی ہے کہ للت اپنی بات مکمل کرلے۔ پھر اس کے کان میں آہستہ سے کچھ کہتی ہے۔)

للت: معاف کیجیے۔ (اور وہ ملازمہ کے پیچھے روانہ ہوتا ہے۔)

گل مہر: ہیڈ کوارٹر سے طلبی ہوئی ہے۔ سمجھ میں نہیں آتا کیا ہو رہا ہے۔ فضا میں کچھ ہلچل

سی محسوس ہوتی ہے۔

(مضحک لہجے میں یہ اشعار پڑھتی ہے)

اتنی حسین رات دیے

ڈائیڈو، ہاتھ میں ایک پھول لیے

طوفانی سمندر کے ساحل پر کھڑی

ہاتھ ہلاکر

اپنے محبوب کو لوٹ آنے کا اشارہ کر رہی ہے....

ونود: (شامل ہوکر جیسے اس نظم کو مکمل کر رہا ہو)

سیدھے

اسکرین کے دروازے سے

(دونوں ٹھٹھا لگاتے ہیں)

تم ٹھیک ہی محسوس کر رہی ہو۔ فضا بالکل دھاکو ہو گئی ہے۔

گل مہر: جس لمحے میں داخل ہوئی مجھے ماحول میں کچھ کشیدگی محسوس ہوئی۔

ونود: یہ تمہارے حساس ہونے کا ثبوت ہے پھر تم ادیب بھی تو ہو۔

گل مہر: اگرچہ تم میرے کام کے بارے میں کوئی اچھی رائے نہیں رکھتے پھر بھی میری کہانیوں پر تمہارے پیش لفظ کا کیا ہوا؟ میں انتظار ہی کرتی رہی تمہارے دو لفظ میرے لیے بہ آسانی کوئی ناشر فراہم کر سکتے ہیں۔

ونود: صبر، صبر مائی ڈیر۔ صرف دو ہفتوں کی بات ہے بس یہ کام ہو جائے گا۔

گل مہر: اوہ تم مرد اتنے سنگ دل ہو سکتے ہو میں نہیں سمجھی تھی۔ خاص طور پر تم اور للت۔

ونود: وہ ہو سکتا ہے، میں نہیں۔ میں جرم کا اعتراف نہیں کرتا۔

گل مہر: ٹھیک ہے۔ تب یہ پیش لفظ مکمل ہو جانا چاہیے۔ کوئی بہانہ اب نہیں چلے گا۔ پلیز!۔

ونود: میں چاہتا ہوں کہ ایک حسین ادیبہ پر ایک حسین پیش لفظ لکھوں ہر طرف حسن ہی حسن ہو۔
گل مہر: (تعریف سن کر چہرہ سرخ ہو جاتا ہے) جانتے ہو تم کتنے اچھے ہو۔ میں تمہاری محبت میں قریب قریب آدھی گرفتار ہو چکی ہوں۔
ونود: صرف آدھی اور وہ بھی قریب قریب! اچھا یہ تو بتاؤ دوسری آدھی محبت کس کے حصے میں آئی ہے؟
گل مہر: ہاں۔ میں ایڈیٹر کو بالکل نظر انداز نہیں کر سکتی۔ کیا میں ایسا کر سکتی ہوں؟
ونود: یہ انتظام بہت ہی عمدہ ہے۔ ٹھیک ہے۔ میں اپنے آدھے حصے پر قناعت کروں گا۔ (ونود، گل مہر کی طرف کھسک کر اس کا ہاتھ تھام لیتا ہے اور بانکوں کے انداز میں اسے چومنے کے لیے جھکتا ہے)
کتاب میں ناشر کی تعریف کے ساتھ کیا تمہاری تصویر نہیں ہوگی۔ یقیناً تم نہیں چاہوگی کہ تمہاری کتاب لوگوں کے ہاتھوں میں اس طرح جائے کہ وہ زیب و زینت سے عاری ہو۔
گل مہر: (ہینڈ بیگ سے تصویر نکالنے کی خاطر ونود کے ہاتھ سے اپنا ہاتھ چھڑاتی ہے) کیا یہ چلے گی؟
ونود: (تصویر کو غور سے دیکھتے ہوئے) کیا یہی وہ چہرہ تھا جس نے ہزار جہاز دریا میں تیرا دیے ..... (تصویر کو چومتا ہے) نہایت ہی عمدہ تصویر ہے۔ جانتی ہو۔ وہ ہیلن تمہیں تو تھیں۔ کتنا مسحور کن حسن ہے.....! ایسا .....
گل مہر: تم عورتوں کو گرمانا خوب جانتے ہو۔
ونود: نہیں۔ میں ایک سیدھا اور صاف گو آدمی ہوں اور میرا خیال ہے کہ یہ تصویر تمہارے حسن اور ذہانت کے ساتھ انصاف کرتی ہے۔
گل مہر: اوہ ونود!
ونود: لیکن اس میں ایک رکاوٹ ہے۔
گل مہر: وہ کیا؟

ونود۔ اگر پہلے للت اپنے رسالے میں تمہاری چند کہانیاں شائع کر دے تو میں اپنے اشاعت گھر کو بھی تمہاری کتاب چھاپنے پر آمادہ کر سکتا ہوں۔ اس لیے تم اس سے پہل کیوں نہیں کرتیں؟

گل مہر: لیکن وہ تمہارے بھی تو دوست ہیں۔

ونود: بدقسمتی سے اس کی پیشہ ورانہ زندگی میں شخصی تعلقات کے لیے کوئی جگہ نہیں ہے۔ (وقفہ) پھر ایک اور مسئلہ بھی ہے۔ ممکن ہے کہ وہ اس بڑے سرمایہ دار وید اگروال کی شرکت میں اپنا ذاتی رسالہ جاری کرے اور اس صورت میں تمہیں اس نئی مہم کے آغاز تک انتظار کرنا پڑے۔

گل مہر: اطمینان رکھو۔ اس کا خطرہ بالکل نہیں ہے۔ یہ نیا رسالہ وہ کبھی جاری نہیں کریں گے۔ وہ انتظامی ذمہ داریوں کے دلدل میں پھنسنا پسند نہیں کرتے۔

(للت داخل ہوتا ہے۔ کسی قدر مسرور دکھائی دیتا ہے)

للت: مجھے خوشی ہے کہ دنیا میں کوئی تو ایسا ہے جو مجھے سمجھتا ہے۔

گل مہر: (اس کی تحسین سے ممنون ہو کر) لیکن آپ جانتے ہیں کہ میں آپ کو سمجھتی ہوں۔ مجھے یقین ہے کہ ہم سب کو باہمی مفاہمت اور ہمدردی کی ضرورت ہے۔ (للت کے جیکٹ پر سے گرد کا دھبہ صاف کرتی ہے اور اس کے کاندھے کو نرمی سے چھوتی ہے) کھنہ صاحب آپ آج بہت شاندار لگ رہے ہیں۔ مغموم اور دلکش۔ المیے کے ہیرو کی طرح (روپا کاجو اور پاپڑ کی دوسری پلیٹ لیے داخل ہوتی ہے۔ وہ شک و شبہ کی نظر سے گل مہر کی طرف دیکھتی ہے جو فوراً ہی موضوع بدل دیتی ہے)

روپا جی! ہم المیے کے بارے میں گفتگو کر رہے تھے۔

روپا: (استہزائیہ انداز میں) اچھا اس میں بحث کرنے کی بات ہی کیا ہے۔ وہ تو اس وقت یہاں واقع ہو رہا ہے۔ میری بات کا یقین کیجیے۔

سب پر گمبھیر سکوت طاری ہو جاتا ہے۔ روپا پلیٹ کو زور سے کافی کی میز پر پٹکتی ہے

اور ایک اضطراب کے ساتھ چلی جاتی ہے)

للت: (مایوسی کے ساتھ اپنے بازو اوپر اٹھاتا ہے) خیر، یہ بات ہے۔ اسی کا نام زندگی ہے!

(فون کی گھنٹی بجتی ہے اور وہ رسیور اٹھانے کے لیے بڑھتا ہے)

معاف کیجیے جناب آپ کو مغالطہ ہوا ہے۔ ہاں، ہاں۔ ٹھیک ہے۔ مارکٹ کے بازار سے ہوکر سیدھے ٹریفک کی روشنیوں کے پاس پہنچ جائیے۔ وہاں سے دائیں جانب مڑجائیے۔ آگے چھوٹی سی کھلی زمین ملے گی۔ ویرانہ جیسی۔ اسی ویرانے کے بیچ میرا مکان ہے۔ آپ اسے آسانی سے پالیں گے۔ میں آپ سے پھاٹک ہی پر ملوں گا۔

(رسیور رکھتا ہے۔ ونود اور گل مہر سے مخاطب ہوکر)

معاف کیجیے۔ میں بہت جلد لوٹوں گا۔

(بڑے دروازے سے باہر چلا جاتا ہے)

گل مہر: بے چارے! کس قدر ناخوش ہیں۔ ویرانی کے سوا کچھ نہیں سوچ سکتے لیک عورت نما اژدر سے منسلک۔ وہ اس بارے کچھ کیوں نہیں کرپاتے؟

ونود: اتنا آسان نہیں مائی ڈیر! تم خود اپنی مناکحت کی قید سے کس طرح باہر نکلیں؟

گل مہر: میرا معاملہ بالکل مختلف تھا۔ وہ مجھے بے حد چاہتا تھا۔ میرا قیاس ہے کہ اب بھی چاہتا ہے۔ میں نے اس سے کہہ دیا کہ اگر تم مجھ سے محبت کرتے ہو تو مجھے جانے دو اور اس نے فوراً مجھے رہائی دے دی۔ خالص محبت۔ میں کہوں گی۔

ونود: اور تمھاری؟

گل مہر: اتنی خالص نہیں۔ تم یہی کہنا چاہتے ہو نا۔ ٹھیک ہے۔ میں آزادی کے ساتھ گھومنا پھرنا چاہتی ہوں۔ تجربے کی تلاش میں۔ کوئی سا تجربہ۔ کسی جگہ ہو۔

ونود: اور وہ تمھارا شوہر اب بھی تمھیں چاہتا ہے۔

گل مہر: بے شک!

ونود : حقیقت میں ایک عورت کے لیے اس سے بڑھ کر مسرت بخش کیا صورت ہو سکتی ہے کہ اس سے ایسا شخص محبت کرے جسے وہ برداشت نہیں کر سکتی۔

گل مہر: میں جانتی تھی تم میرے الفاظ کو دوسرا مفہوم پہناؤ گے۔ لیکن مجھے خوشی ہے کہ میں آزاد ہوں۔

ونود: (طنز کے ساتھ) آزاد ! زندگی گزارنے اور کہانیاں لکھنے کے لیے۔

گل مہر کیوں نہیں۔ ؟

ونود: (اداسی سے) اس کے باوجود ہم کو اپنی بساط کے مطابق اپنی اپنی صلیبیں اُٹھانی ہوتی ہیں۔

گل مہر: میرا قیاس ہے کہ زندگی یہی کچھ ہے۔

ونود: (اپنے لیے رم کا دوسرا پیگ بناتے ہوئے) میں سمجھتا ہوں تم، للت اور میں۔ ہم تینوں کو چاہیے کہ اپنا ایک کلب قائم کریں اور اس کا نام "مصیبت زدہ ساتھی" رکھا جائے۔

گل مہر: لیکن اس میں تم کیسے شامل ہو سکتے ہو۔

ونود: کیوں نہیں۔ ؟ میں بھی تم لوگوں کا ہم سفر ہوں۔ میں بھی ایک بیوی رکھتا ہوں۔ شکی اور ہر وقت سر پر سوار رہنے والی مجھے اپنی مرضی پر چلنے نہیں دیتی جبکہ میں اپنی پسند کے کام کرنے کی آزادی چاہتا ہوں۔

گل مہر: وہ کیا؟

ونود: تم جیسی حسین خواتین کی کتابوں پر پیش لفظ لکھنا۔ (دونوں ہنستے ہیں)

گل مہر: مذاق سے قطعِ نظر، کیا تم سچ مچ یہ کام کر دو گے ؟

ونود: یقیناً لیکن میں اس میں لکھوں کیا۔ ؟ کچھ خیالات!

گل مہر: جو بھی تم لکھنا چاہو آزادی کے ساتھ لکھو (وقفہ) بے شک ایک فن کار کی حیثیت سے میں ہمیشہ لمحۂ موجود کے جذباتی اہتزاز اور ارتعاش میں یقین رکھتی

آئی ہوں۔ میں سمجھتی ہوں کہ جو کچھ ہے وہ "اب" ہے اس کے پیچھے اور آگے کچھ نہیں۔

ونود: (اضطراری طور پر اس کا ہاتھ تھام لیتا ہے اور اسے چومتا ہے) ہاں وہ لمحہ اب اور یہیں ہے۔

(دوبارہ اس کا ہاتھ چومتا ہے۔ روپا داخل ہوتی ہے)

روپا: (دکھا نستے ہوئے جس سے مزاج کی کلبیت ظاہر ہو رہی ہے) معاف کیجیے وہ کہاں گئے ؟

ونود: (گھبراہٹ کے ساتھ اپنے بال جھٹکتا ہوا کرسی پر پیچھے سنبھل کر بیٹھ جاتا ہے) وہ ابھی یہاں سے اٹھ کر باہر چلے گئے جب ہم بحث کر رہے تھے کہ ....

روپا: باہر چلے گئے ؟

گل مہر: کہیں سے فون آیا تھا۔ غالباً وہ کسی کو لانے کے لیے گئے ہیں جو گھر کا راستہ نہیں جانتا۔

روپا: (سوچتے ہوئے) کون ہو سکتا ہے ؟ غالباً وہ ام، پی ہوگا۔ وہ ہمارے گھر پہلی بار آرہا ہے۔

گل مہر: کون ہے وہ ؟ میں اکثر ممبروں کو جانتی ہوں۔

روپا: شری اندر بھان۔

گل مہر: اوہ ! ہمارے سابق وزیرِ ثقافت۔

روپا: ہاں، وہی۔

(للت اور اس کا مہمان داخل ہوتے ہیں۔ وہ پچاس کے پیٹے میں ہے۔ خالص کھدّر کا کُرتا دھوتی اور گاندھی ٹوپی اوڑھے ہوئے ہے۔ وہ روپا کو سلام کرتا ہے)

للت: (گل مہر کا تعارف کراتے ہوئے) یہ ہیں گل مہر احمد۔ ابھرتی ہوئی افسانہ نگار۔

اندر بھان: (ہاتھ جوڑ کر سلام کرتا ہے) بے شک میں انھیں جانتا ہوں کئی کلچرل جلسوں میں ہم ایک دوسرے سے مل چکے ہیں۔

ونود : ان کی بہت مانگ ہے ۔ میں جانتا ہوں۔

اندر بھان : کوئی تعجب نہیں اس حسن اور ایسی صلاحیتوں کے ساتھ ۔

گل مہر : (شرما کر) آپ کا بے حد شکریہ ۔

للت : (ونود کی طرف پلٹ کر) یہ میرے دوست ونود کپور ہیں۔ پرانے ہم جماعت (اندر بھان اور ونود مصافحہ کرتے ہیں) یہ پربھات پبلشنگ کمپنی کے ادبی مشیر ہیں اور اس سے بڑھ کر یہ کہ حسن کے اچھے پارکھ ہیں ۔

(للت ، ونود اور گل مہر کی طرف معنی خیز نظروں سے دیکھتا ہے)

اندر بھان : میں اس کا اچھی طرح مشاہدہ کر سکتا ہوں۔ آپ سب لوگ فن کار ہیں۔ میں اس محفل میں خود کو ایک غیر متعلق آدمی محسوس کر رہا ہوں۔

گل مہر نہیں جناب ! یہ آپ کیسے کہہ سکتے ہیں آپ تو ریاست کی تمام تہذیبی سرگرمیوں کی روحِ رواں رہے ہیں۔

اندر بھان : (مایوسی کے لہجے میں) داستانِ پارینہ ! .... بہتر ہے کچھ اور گفتگو کریں (کاغذی تورنوں کی طرف دیکھ کر) آج کیا تقریب ہے ۔ یقیناً کوئی خاص بات ہے۔

ونود یہ ان کی شادی کی سال گرہ ہے۔ (للت سے) کیا اب میں اس راز کا افشا کر سکتا ہوں۔

اندر بھان : بڑی مسرت ہوی ۔ (للت اور روپا سے) میری طرف سے دلی مبارک باد قبول کیجیے ۔

للت : شکریہ ۔ (وقفہ) آپ کیا لینا پسند کریں گے (بار کی طرف اشارہ کرتے ہوے)

اندر بھان : نوازش ! صرف اسکاچ کا ایک گھونٹ ۔

للت : سوڈے کے ساتھ ؟

اندر بھان : (مسکراتے ہوے) نہیں خالص ! کسی ملاوٹ کے بغیر۔

(للت اسے خالص اسکاچ پیش کرتا ہے جسے اندر بھان ایک گھونٹ میں پی لیتا ہے
للت خالی گلاس لے کر اسے دوبارہ بھرتا ہے۔ اندر بھان کی نظریں اب گل مہر پر جمی ہوئی ہیں)
تقریب کب شروع ہوگی۔ کوئی گانا گائے یا شعر سنائے۔
(گل مہر سے) یقیناً آپ شعر بھی کہتی ہیں۔

گل مہر: نہیں جناب۔ صرف کہانیاں لکھتی ہوں۔

اندر بھان: (وہسکی کا دوسرا پیگ چڑھا کر) اچھا تو اپنی زندگی کی کہانی ہی سنا دیجیے۔

گل مہر: (مسکراتے ہوئے) جناب میں، ایک سادہ سی معمولی عورت ہوں

اندر بھان: (ندامت کے ساتھ) کیا آپ چاہتی ہیں کہ میں اسے باور کرلوں۔؟ کوئی حسین عورت اتنی سادہ نہیں ہوسکتی۔ حسن کے ساتھ میرے ذہن میں تو ڈرامے اور سسپنس کا تصور ابھرتا ہے۔ (وقفہ۔ وہ اپنے لیے سکاچ کا مزید پگ بنانے کے لیے بار کی طرف بڑھتا ہے۔ پھر ونود کی طرف مڑکر)
اور آپ مسٹر کپور! شعر کہتے ہیں؟

ونود: جی نہیں۔ لیکن (للت کی طرف اشارہ کرکے) یہ ہمارے کالج کے زمانے میں شاعری کرتے تھے۔

اندر بھان: (للت سے) تب ہم آپ سے شعر سنیں گے۔ سب مل کر نعرہ لگائیں جیسے سیاسی جلسوں میں ہوتا ہے۔ "ہم تمھاری شاعری چاہتے ہیں۔ ہم تمھاری شاعری۔۔۔۔۔"
سب مل کر ہنستے ہیں۔

للت: وہ صرف گپ ہانک رہا ہے۔ میں نے بہت کم شاعری کی ہے اور اب تو وہ بھی مجھے یاد نہیں۔

ونود: یہ بات ہے تو میں ان کی طرف سے یہ کام انجام دوں گا۔ ان کی ایک تازہ نظم سناؤں گا جس کا عنوان ہے "شادی پرانی ہوچکی ہے"۔

روپا: براہِ کرم مجھے معاف فرمایئے۔ (بے چینی کے ساتھ باہر نکل جاتی ہے۔ چند ثانیوں

کے لیے ناگوار خاموشی طاری ہو جاتی ہے)

ونود: (سلسلۂ کلام جاری رکھتے ہوئے) اپنی یادداشت سے میں یہ نظم سنا رہا ہوں۔
(وہ رم کا بڑا پیگ لیے بار کے پاس کھڑا ہو جاتا ہے۔ گلا صاف کر کے نظم سنانے لگتا ہے)

یکے بعد دیگرے
تارے بجھنے لگے
تمھارے چہرے سے۔
اب تم بھیانک دکھائی دیتی ہو۔
دروازوں کے درمیان
پژمردہ بھورے آسمان کی طرح۔
ہم ایک دوسرے کو پہنتے ہیں
میلے زیر جامے کی طرح

(دروازہ کھٹکھٹانے کی آواز۔ کمود اور مہندر جین داخل ہوتے ہیں۔ دونوں رسمی لباس میں ہیں۔ روپا اسکرین کے دروازے میں سے آگے بڑھ کر ان کا استقبال کرتی ہے)

روپا: کمود! تم نے بڑی دیر کر دی۔ میں انتظار کر رہی تھی۔
(وہ جین اور مسز جین کا تعارف کرانے کے لیے مڑتی ہے۔ کمود بھرے بھرے جسم کی عورت ہے۔ اڑتیس برس کی۔ چھوٹا سا قد۔ اس کا شوہر پینتالیس کے پیٹے میں لگتا ہے۔ معمولی شکل اور جسامت کا آدمی ہے) یہ شری اندر بھان جی ہیں۔ یہ مسز گل مہر احمد۔ اور ونود کو تم جانتے ہی ہو۔

کمود: (سب سے سلام کا تبادلہ کر کے) جب ہم گھر سے نکلنے کو تھے۔ دہلی سے کال آ گیا تھا (اپنے شوہر کی طرف اشارہ کر کے) یہ کل دوبارہ وہاں جا رہے ہیں۔ وزارتِ ترقیات کو مشورہ دینے کے لیے۔

للت : بڑی اہمیت کی بات ہے (اندر بھان سے) مہندر، یونیورسٹی میں سماجیات کے پروفیسر ہیں، لیکن حقیقت میں وہ کمیٹیوں کے آدمی ہیں۔ آئے دن دہلی جاتے رہتے ہیں مرکزی حکومت کو مشورہ دینے کے لیے۔ کس کام کا؟ (مہندر جین کی طرف دیکھتا ہے)

مہندر : (للت کے طنز کو سمجھے بغیر) ہاں ہر شخص کو اپنی بساط کے مطابق کچھ کرنا ہوتا ہے۔ (وقفہ) مگر۔ میں سمجھتا ہوں، جب ہم یہاں داخل ہو رہے تھے کوئی نظم سنا رہا تھا۔ مداخلت کی معافی چاہتا ہوں۔

اندر بھان : مسٹر کپور، مسز کھنہ کی ایک نظم سنا رہے تھے۔ (ونود سے) براہ کرم للت صاحب کی ایک۔ اور نظم عنایت کیجیے۔ (ان کی نگاہیں کوو پر منڈلا رہی تھیں وہ اسے مسلسل گھورے جا رہے تھے)

رادوپا : (احتجاجی لہجے میں) للت اور ان کی شاعری! کیا وہ شاعر بھی ہیں؟

للت : (چڑچڑے پن سے) میں نے کبھی اس کا دعویٰ نہیں کیا۔ یوں ہی کبھی کبھار کچھ لکھ مارتا ہوں۔

رادوپا : (غصے سے) تمھاری فضول تحریریں اور ردّی کے پرزے " شادی پرانی ہوچکی" ! اس میں اپنی روح سمو دی ہے۔ بیچارہ شوہر جو بیوی سے تنگ آچکا ہے! (وہ کوشش کرتی ہے کہ غیر سنجیدہ نظر آئے لیکن اس کے لہجے سے گہری چوٹ نمایاں ہے۔ پھر وہ اسکرین کے دروازے کی طرف اشارہ کرتے ہوئے اعلان کرتی ہے) ڈنر تیار ہے۔ اب اور شاعری نہیں ہوگی۔ (ونود اور اندر بھان اپنے گلاس رکھ دیتے ہیں۔ اب ہر شخص ڈنر کے لیے تیار ہے)

اندر بھان : (گل مہر سے) میں آپ کی کہانیاں پڑھنا چاہتا ہوں۔

گل مہر : میں نے ابھی تک اپنی کہانیوں کو کتاب کی صورت میں یک جا نہیں کیا ہے۔ صرف چند چیزیں ہیں جو منتشر حالت میں ہیں۔

اندر بھان : تب میں آپ کی کتاب کا بے چینی سے منتظر رہوں گا۔ وہ کب تک شائع ہو جائے گی؟

گل مہر : مجھے اندیشہ ہے کہ اس کے لیے آپ کو بہت دنوں انتظار کرنا ہوگا۔

اندر بھان: میں انتظار کر سکتا ہوں۔ کسی بھی اچھی چیز کے لیے۔

(روپا ان میں شامل ہو جاتی ہے لیکن وہ گل مہر کو نظر انداز کرتی ہے۔ ونود بھی پاس میں کھڑا ہے۔ وہ سب آہستہ آہستہ اسکرین کے دروازے کی طرف بڑھتے ہیں)

روپا: (اندر بھان سے) اس کا افسوس ہے کہ اگروال اور مسز اگروال آج شام ہمارے ساتھ شریک نہیں رہ سکے۔

اندر بھان: کون اگروال؟

روپا: وید اور ان کی بیوی پورنیما۔

اندر بھان: دولت کا انبار! میری سمجھ میں یہ نہیں آتا کہ ہمارے ملک کی صنعت، فنونِ لطیفہ کی سرپرستی کیوں نہیں کرتی۔

روپا: یہی بات میں بھی جاننا چاہتی تھی۔ میری خواہش ہے کہ میرے شوہر اگروال کی شرکت میں اپنا ذاتی رسالہ جاری کریں۔

اندر بھان: نہایت نفیس خیال ہے۔

روپا: لیکن للت اسے پسند نہیں کرتے۔

اندر بھان: یہ بات افسوس ناک ہے۔ لیکن ان کی اپنی وجوہات ہوں گی۔ ہم سب اپنے انتخاب کے کچھ نہ کچھ اسباب رکھتے ہیں۔ وہ درست ہوں یا غلط۔

روپا: لیکن کیا میری خواہش اور مرضی کو اس میں کوئی دخل نہیں ہے۔؟

اندر بھان: یقیناً ہے۔ پھر بھی جب اختلافِ رائے ہوتا ہے تو میں ہمیشہ سمجھوتے کا مشورہ دیتا ہوں۔ (پھر وہ تمام حاضرین سے خطاب کرنے کے لیے مڑتا ہے اور زیادہ فصاحت کے ساتھ گویا ہوتا ہے) میری تمام زندگی سمجھوتوں کے اطراف گھومتی رہی ہے۔ یہ بات میں نے سیاست سے سیکھی۔ اور میرا خیال ہے کہ ازدواجی تعلقات میں بھی یہ اصول کارآمد ہو سکتا ہے۔

گل مہر: لیکن للت صاحب کے پاس کوئی سمجھوتے نہیں ہیں۔

(للت کی طرف دیکھ کر جواباً مسکراتا ہے)

ان کے لیے یا تو "ہاں" ہے یا "نہیں"۔ کوئی درمیانی صورت وہ قبول نہیں کرسکتے۔

ونود: آپ اسے دیانت داری کہہ سکتی ہیں۔

روپا: یا خود رائی اور حماقت!

اندر بھان: (موضوع کو تبدیل کرنے کی شعوری کوشش کرتے ہوئے) ٹھیک ہے۔ کیا کسی کو بھوک نہیں لگ رہی ہے؟ میری تو بھوک سے جان نکلی جا رہی ہے۔

(وہ سب سے پہلے اسکرین کے دروازے سے ہوکر آگے بڑھتا ہے۔ دوسرے اس کے پیچھے چلتے ہیں)۔

— پردہ —

دوسرا منظر

اسٹار رات۔ پارٹی ختم ہونے کے ایک گھنٹہ بعد۔ للت کھنہ کا مطالعہ کا کمرہ۔ کتابوں کے دو ریکس۔ ایک ٹائپ رائٹر۔ رسالوں کے انبار۔ اخبارات۔ ایک بڑی ڈکشنری۔ دو دیواری تصویریں۔ ان میں سے ایک لکھنے کی میز کے پیچھے دیوار پر آویزاں ہے۔

للت پریشانی کے ساتھ میز پر پڑے ہوئے کاغذات الٹ پلٹ کرتے ہوئے کچھ تلاش کر رہا ہے۔ پھر وہ کتابوں کے ریک کی طرف بڑھتا ہے۔ یکے بعد دیگرے کئی کتابیں کھولتا اور انھیں بے ترتیبی کے ساتھ واپس شیلف میں پھینکتا جاتا ہے۔ دروازے کی کنڈی اندر سے لگی ہوئی ہے دروازے پر دستک ہوتی ہے۔ تیز اور مسلسل۔ للت انتہائی ذہنی اضطراب کے عالم میں دروازہ کھولتا ہے۔

•

سادھنا: (کچھ کھوجنے کے انداز میں اسے دیکھتی ہے) کمین گاہ میں چھپے بیٹھے ہو۔
(رسالوں اور کاغذات کو اطراف میں بے ترتیب پھیلا ہوا دیکھ کر) کسی چیز کی تلاش ہے؟

للت: (جھینپ اور پریشانی کے ساتھ) نہیں۔

سادھنا: پھر یہ رازداری کس لیے۔ دروازہ اندر سے بند، ساری چیزیں اطراف میں پھیلی ہوئی۔

للت: تم مجھے تنہا کیوں نہیں چھوڑ دیتیں۔

سادھنا: اتنی جلد، پارٹی کے بعد؟ ہماری شادی کی سالگرہ!

للت : مہربانی کرکے چلی جاؤ۔ مجھے سکون سے رہنے دو۔ مجھے کچھ کام کرنا ہے۔

سروپا : میں سمجھی تھی کہ میں تمھاری کچھ مدد کرسکوں گی۔

للت : مجھے تمھاری مدد نہیں چاہیے۔

سروپا : اوہ۔ بہت زیادہ بیزار ہو۔ شادی بہت پرانی ہوچکی ہے۔ تین برس کا مسلسل ساتھ۔

للت : مسلسل یا وقفوں کے ساتھ؟

سروپا : ریزہ ریزہ اور ٹکڑوں میں بٹے ہوئے لمحات۔ یہاں سے زیادہ وہاں رہتے ہوئے۔

للت : کیا مطلب ہے تمھارا۔

سروپا : (مطمئن انداز میں مسکراتی ہے جس میں فتح مندی کا مجرمانہ احساس شامل ہے جیسے اس کے قبضے میں للت کا کوئی راز ہو۔) کچھ نہیں۔

للت : تب مہربانی کرکے چلی جاؤ۔

(ایک کتاب اٹھاکر خود کو کرسی پر گرادیتا ہے۔ یوں ظاہر کرتا ہے جیسے وہ کتاب پڑھ رہا ہے)

سروپا : مطالعہ؟ سنجیدہ انہماک؟ دماغ میں ایڈیٹوریل سنسنا رہے ہیں؟ لیکن اس سے پہلے کہ میں چلی جاؤں، میں اپنے شوہر کے لیے کچھ کرسکتی ہوں۔

(وہ لکھنے کی میز کی طرف بڑھتی ہے۔ ایک اسٹول پر کھڑی ہوجاتی ہے اور ایک بڑا مبارک باد کا کارڈ نکالتی ہے۔ للت کا چہرہ اچانک ڈھیلا پڑجاتا ہے۔ وہ سراسیمہ اور پریشان نظر آتا ہے) شاید تمھیں اس کی تلاش تھی (للت کے ہاتھ میں کارڈ تھمادیتی ہے)

للت : (اسے تھامتے ہوئے) اچھا تو تم نے اسے چھپادیا تھا۔

سروپا : (طنز کے ساتھ) صرف یہ کوشش کررہی تھی کہ اپنے شوہر کی قیمتی چیزوں کو حفاظت کے ساتھ رکھوں۔ تم جانتے ہو۔ ایک فرماں بردار بیوی کا یہ فرض ہوتا ہے۔

للت : شکریہ (وقفہ) لیکن میں اسے ڈھونڈھ نہیں رہا تھا۔ وہ کوئی اور چیز تھی۔

سروپا : میں سمجھتی تھی کہ تم میں جھوٹ بولنے کی صلاحیت کبھی نہیں رہی کیوں کہ تمھارے دل

میں جو کچھ ہے چہرے سے فوراً ظاہر ہوجاتا ہے۔ یا ہوسکتا ہے کہ ایسی اہم صورتِ حال میں اس کے سوا کوئی چارۂ کار نہیں تھا۔

للت: میں نے جھوٹ نہیں کہا۔

روپا: پھر یہ کون ہے؟ یہ نیلا۔

للت: (اپنے آپ پر قابو پاکر) صرف ایک پرانی ہم مکتب۔ اور وہ میری شادی کی سال گرہ پر مبارک باد بھیجتی ہے تو اس میں کیا برائی ہے۔

روپا: ہماری! قطع کلام معاف۔

للت: ہاں۔ ہماری۔ اس کارڈ میں کیا قباحت ہے۔

روپا: کچھ بھی نہیں۔ سوائے اس کے کہ وہ دل کی شکل کا ہے اور ایک عورت کی حس اسے بہتر سمجھ سکتی ہے۔

للت: ٹھیک ہے۔ تب چیخو چلاؤ۔ اگر تم مبارک باد کے ایک بالکلیہ معصوم کارڈ کو غلط مفہوم دینے پر تلی بیٹھی ہو تو تمھارا جو جی چاہے کرو۔

روپا: میں سمجھتی ہوں کہ ہم صبر اور معصومیت کا کافی مظاہرہ کرچکے ہیں۔

للت: اور میرا قیاس ہے کہ اب عمل کا وقت آگیا ہے۔

روپا: بالکل ٹھیک ہے۔

للت: گویا یہ تمھارے بھڑک اٹھنے کا دوسرا بہانہ ہوا۔ آج تمام شام تم اسی بنا پر الجھتی رہیں۔ میں سمجھا تھا کہ اگروال کی وجہ سے۔۔۔

روپا: جہنم میں جائیں اگروال۔ اور اب ہمیں مزید پہلو بچانے کی ضرورت نہیں۔

للت: میرے اپنے مطالعہ خانے میں ایک لمحے کا سکون بھی نہ ہو؟

روپا: تمھارا ذہنی سکون اور تمھارا دار المطالعہ! ۔ میرا قیاس ہے کہ اپنا ذہنی سکون حاصل کرنے کے لیے مجھے باورچی خانے میں جانا چاہیے!

للت: کہیں بھی جاؤ۔

روپا: جہنّم میں۔ یہی کہنا چاہتے ہو نا!۔

(وہ وحشیانہ انداز میں اپنے دائیں ہاتھ سے لکھنے کی میز پر دھری ہوی بڑی ڈکشنری پر گھونسا مارتی ہے۔)

للت: اگر تم پسند کرو (ڈکشنری کو سہلاتے ہوے جیسے اسے چوٹ لگی ہو) اور تمھیں اتنا وحشی بننے کی ضرورت نہیں ہے۔

روپا (غصّے سے) میری وحشت سے تمھیں کیا سروکار؟ میں تمھاری لوچ دار گفتگو کرنے والی پیاریوں میں سے نہیں ہوں اور نہ ہی کوئی نظر فریب افسانہ نگار ہوں۔

للت: تم اچھی طرح جانتی ہو کہ وہ میرے لیے ناقابلِ برداشت عورت ہے۔

روپا: میں جانتی ہوں کہ تم اور ونود مل کر اسے کتنا برداشت کرسکتے ہو۔ میں نے اپنی آنکھوں سے ونود کو اس عورت کے ساتھ عشق بازی کرتے دیکھا ہے۔

للت: لیکن مجھے نہیں۔

روپا: اوہ۔ تم دونوں ایک ہی تھیلی کے چٹے بٹے ہو۔

للت: میں محسوس کر رہا ہوں کہ آج رات لڑنے پر تلی بیٹھی ہو۔ تم جاکر وہاں لاؤنج میں منتشر چیزوں کو صاف کیوں نہیں کرتیں۔

روپا: یہاں دوسرا کچرا بھی ہے جسے پہلے صاف کرنا ہے۔ مکمل صفائی جس کی ہم دونوں کو ضرورت ہے۔

للت: کیا مطلب ہے تمھارا۔

روپا: تم میرا مطلب اچھی طرح سمجھتے ہو۔ یہ تمھاری نیلا۔۔۔۔ پرانا شعلہ۔ ایمہ۔ اور تم مجھے اپنے مہمانوں کے سامنے ذلیل کرتے ہو! ونود سے کہتے ہو کہ تمھاری وہ مکروہ نظم پڑھ کر سنائے۔

للت: میں نے اس سے نہیں کہا۔ اس نے خود ہی اپنے حافظے سے وہ نظم سنائی تھی۔

روپا: خوب حافظہ ہے؟ لیکن کیا تم سمجھتے ہو کہ دوسرے تمام بے وقوف ہیں؟۔

للت: پھر وہی حجت

روپا: یہ تم ہو جس نے میری شادی کی سال گرہ کو برباد کیا۔

للت: (استہزا کے لہجے میں) ہماری کمو مائی ڈیر۔

روپا: نہیں۔ تم اس سے قطعی غیر متعلق لگتے ہو۔

للت: اگر ایسا ہے تو یہ ہم دونوں کے لیے بہتر ہی ہے۔

روپا: میں سمجھتی ہوں تمہارے دماغ میں کوئی چیز پک رہی ہے۔ تم اسے اگل کیوں نہیں دیتے۔

للت: کہیں بھی کوئی چیز نہیں پک رہی ہے۔ تم خواہ مخواہ بھڑک رہی ہو۔

روپا: میں پاگل نہیں ہوں۔ اور ہو سکتا ہے میں ہوں۔ میں کچھ سمجھ نہیں پاتی۔ (وہ سسکیاں لینے لگتی ہے) کاش میں مرسکتی۔ میں نہیں جانتی یہ سب کیوں برداشت کر رہی ہوں۔ ایک محروم محبت بیوی ہونا میرے مقسوم میں تھا۔

للت: اس معاملے سے محبّت کو علاحدہ رکھیں تو بہتر ہے۔ کم از کم کچھ دیر کے لیے۔ اور ہم صرف ٹھوس چیزوں کے بارے میں گفتگو کریں۔

روپا: خوب۔ وہ ٹھوس چیزیں کیا ہیں؟ کیوں نہ ہم یہ قبول کرلیں کہ ہمارے معاملے میں محبت کا کوئی دخل ہی نہیں رہا۔

للت: ہوسکتا ہے۔ شاید تم ٹھیک کہہ رہی ہو۔

روپا: بلاشبہ تم نے کبھی میری صورت دیکھنا گوارا نہیں کیا۔ کیا میں کوئی مکروہ جذامی ہوں۔ کئی ایسے لوگ ہیں جو مجھے حسین سمجھتے ہیں۔

للت: ایسے لوگ ہمیشہ پائے جاتے ہیں۔

روپا: لیکن میرے اپنے شوہر کا کیا خیال ہے؟

للت: میں نے کہہ دیا ہے کہ محبت اور حسن کی بات فی الحال علاحدہ رکھو۔

روپا: لیکن تم مجھے سیدھا جواب کیوں نہیں دیتے۔ کیا مجھ میں تمہارے لیے اب کوئی

کشش باقی رہی ہے؟ یا میں صرف مکروہ اور گھناؤنی ہوں۔

للت: جب تم اس طرح قے کرنے لگتی ہو تو گھناؤنی بن جاتی ہو۔

سوپا: مکروہ اور گھناؤنی۔ میں محسوس کرتی ہوں کہ مجھے اسی لمحہ گھر چھوڑ کر چلا جانا چاہیے

للت: میں سمجھا تھا کہ اصل میں یہ خیال میرا اپنا ہے۔

سوپا: تمھارا؟

للت: ٹھیک ہے۔ "ہمارا" کہیں۔ ہم کو اب جس چیز کی ضرورت ہے وہ ہے عمل۔ فوری اور فیصلہ کن عمل۔

سوپا: میں جانتی ہوں تمھارا کیا مطلب ہے۔ اب ہر چیز مجھے بہت واضح دکھائی دے رہی ہے۔ اگر تم اس شادی کے بارے میں یہی کچھ محسوس کر رہے ہو تو کیوں نہ ہم علاحدہ ہو جائیں۔

للت: اس کا انحصار تم پر ہے ممکن ہے کہ اس میں ہم دونوں کی بھلائی ہو۔

سوپا: میں یہ سب کچھ برداشت نہیں کر سکتی۔ میں جانتی ہوں کہ تم مجھے نکال باہر کرنا چاہتے ہو۔ میں کسی وقت بھی اپنے بھائی سے کہہ سکتی ہوں کہ وہ مجھے یہاں سے لے جائے۔

للت: تمھیں کسی بھائی کی حفاظت کی ضرورت نہیں ہے۔ تم خود سو بھائیوں کی نگہداشت کر سکتی ہو۔

سوپا: تمھیں اس طرح تذلیل نہیں کرنی چاہیے۔ مجھے تمھارا پیام مل چکا ہے۔ ٹھیک ہے۔ تم چاہتے ہو کہ میں اسی لمحہ مکان چھوڑ دوں۔

للت: نہیں میرا یہ مطلب نہیں ہے۔ آج ہماری شادی کی سال گرہ ہے۔ شاید کل یا پرسوں۔

سوپا: اور کتنے عرصے کے لیے۔

للت: یہ تم بہتر سمجھ سکتی ہو۔

سوپا: ہمیشہ کے لیے۔؟

للت: ہوسکتا ہے ۔ یہی بات زیادہ معقول معلوم ہوتی ہے ۔

سادپا: تو تمھارے ذہن میں طلاق کی بات ہے ۔

للت: میرا قیاس کہتا ہے کہ یہی واحد حل ہے ۔

سادپا: (دہشت انگیز طریقے سے للت کی طرف بڑھتی ہے) میں تمھیں جاں نثار سید کر دوں گی ۔

للت: (اطمینان کے ساتھ کھڑا رہتا ہے) اس قسم کی بہادری دکھانے کی جو صلاحیت تم میں ہے اس سے مجھے کبھی انکار نہیں رہا ۔ میں نے امیزدنا جیسی دیوی کی حیثیت سے ہمیشہ تمھارا احترام کیا ہے ۔

سادپا: اور دروازوں کے درمیان مہیب دکھائی دینا ۔ تمھارے دروازوں کے درمیان ۔ اوہ تم کتنی سفلہ مخلوق ہو!

للت: اور تم کتنی فرشتہ خصلت ہو ۔

(دروازے میں خادمہ دکھائی دیتی ہے جو اندر داخل ہونے سے ہچکچاتی ہے)

خادمہ (عاجزی کے ساتھ دونوں سے مخاطب ہوکر) آپ کے لیے کافی لے آئی ہوں ۔

سادپا: (غصے سے اس کی طرف جھپٹ کر) اس وقت تو زہر کا پیالہ مناسب ہوگا ۔ (کشتی کو زور سے ڈھکیلتی ہے ۔ پیالیاں اور طشتریاں ٹوٹ کر فرش پر بکھر جاتے ہیں) چلی جا یہاں سے ۔

للت: تمھیں اس غریب پر برسنے کی ضرورت نہیں تھی ۔ اگر تم نے کسی بات کا فیصلہ کر لیا ہے تو مہذب طریقے سے اس پر عمل کرسکتی ہو ۔ جلد یا بہ دیر ہم کو اور ہمارے وکیلوں کو اس کا جائزہ لینا ہوگا ۔

سادپا: تمھیں وکیلوں اور عدالتوں کی فکر کرنے کی ضرورت نہیں ۔ میں تمھیں خود ہی اس کی اجازت دے دوں گی ۔ لیکن تمھیں اس کی قیمت ادا کرنی ہوگی ۔

للت: جو بھی قیمت ہو مجھے منظور ہے ۔

روپا: تمھاری مختصر سی تمام جائداد

للت: کیا مطلب ہے تمھارا۔

روپا: مطلب تم اچھی طرح جانتے ہو۔ تمھارے بینک کے سارے محفوظات اور یہ مکان۔ مختصر یہ کہ تمھاری تمام منقولہ اور غیر منقولہ جائداد۔

للت: یہ چاہتی ہو کہ میں صرف اس قمیص کے ساتھ یہاں سے چلا جاؤں؟

روپا: بالکل۔

للت: ٹھیک ہے۔ ایک اعتبار سے یہی بہتر ہے۔ معاملت میں وقت ضائع نہیں ہوگا

روپا: مجھے کبھی اندازہ نہیں ہوا کہ تم مجھ سے اس قدر بیزار ہو۔

للت: نہیں۔ وہ میں تھا جو تین برس تک عذاب جھیلتا رہا۔ ہماری شادی کے دوسرے ہی دن سے شروع ہو گیا تھا۔ ہنی مون سے بھی پہلے۔

روپا: آہ۔ وہ ہنی مون۔ کم بخت! ہوٹل میں وہ وحشتناک جھگڑا کس نے شروع کیا تھا۔ یہاں تک کہ قلی بھی وہاں موجود تھے اور ہمارا سامان کھولنے میں مدد دے رہے تھے

للت: اور ہوٹل کے برتن کس نے کھڑکی سے باہر پھینکے تھے محض اس وجہ سے کہ میں ہنی مون کے لیے بمبئی نہیں جا سکتا تھا۔

روپا: گویا اصلی گناہ تو میرا تھا۔ میں جانتی ہوں۔ قصور ہمیشہ میرا ہی ہوتا ہے۔

للت: میں سمجھ نہیں سکا کہ ہم دوبارہ انھیں باتوں کو کیوں تازہ کر رہے ہیں۔ مناسب ہوگا کہ ہم اصل موضوع پر لوٹ آئیں۔ (وقفہ) ہاں۔ میں اپنی آزادی چاہتا ہوں۔ پانی سر سے اونچا ہو چکا ہے۔ اب میں اپنی زندگی آپ بسر کرنا جانتا ہوں۔ سکون اور وقار کے ساتھ

روپا: تنہا؟

للت: ہاں

روپا: یا ہو سکتا ہے کہ تمھارے کچھ اور منصوبے ہوں۔ نیلا ابھی تو کسی کی منتظر ہے۔

للت: (غصّے کے ساتھ آگے بڑھ کر) بکواس بند کرو۔ میں اب کسی عورت کے ساتھ

نہیں رہ سکتا ۔ اور تم ایک سراسر معصوم کارڈ کو بلا وجہ اس معاملے میں گھسیٹ رہی ہو۔
سرو پا: تم کو تمھاری آزادی اور سکون دینے سے پہلے میں اپنے لیے ساری باتیں جاننا چاہتا ہوں ۔

للت: میرا خیال ہے کہ ہم اس بارے میں ایک سمجھوتے پر پہنچ چکے تھے ۔
سرو پا: تمھارا اشارہ منقولہ اور غیر منقولہ جائداد کی طرف ہے۔ وہ بات تو اپنی جگہ پر ہے ۔ لیکن کچھ اور اُمور بھی ہیں ۔ ہم دیکھیں گے۔
للت: میں سمجھا تھا کہ ہم نے ایک بنیاد تلاشش کر لی تھی ۔
سرو پا: تمھارے اور میرے درمیان کبھی کسی چیز کے بارے میں کوئی بنیاد نہیں رہی ۔
للت: اب ہم دوبارہ موضوع سے دور چکر کھانے لگے ۔
سرو پا: آہ تم پریشان ہو (حقارت آمیز ہنسی کے ساتھ) میں صرف تمھارے ذہن کو ٹٹولنے کی کوشش کر رہی تھی۔ میرے پیارے، میں تمہیں پیچ و خم آزاد کر دوں گی۔ میں اس منحوس گھڑی پر نفریں بھیجتی ہوں جب میں تم سے شادی کرنے پر راضی ہوئی ۔
للت: ٹھیرو ۔ میں سمجھتا ہوں کہ یہاں تمھاری یاد داشت جواب دے رہی ہے۔ شادی کی پیش کش تو تم نے کی تھی ۔
سرو پا: ٹھیک ہے ۔ تب وہ سب سے بڑا گناہ تھا جو زندگی میں مجھ سے سرزد ہوا۔
للت: میں صرف حقائق کو صحت کے ساتھ پیش کرنے کی کوشش کر رہا تھا ۔
سرو پا: اگر میں اس معاملے میں عجلت نہ کرتی تو ایک اور شخص سے میری شادی ہو سکتی تھی اور تم سے کہیں بہتر تھا۔ میری کتنی بے وقوفی تھی کہ میں نے اس ہیرے کو پھینک دیا۔
للت: ابھی کچھ نہیں بگڑا مائی ڈیر !
سرو پا: ہو سکتا ہے ۔
للت: ہاں کیوں نہیں؟ ایسے کئی اور اب بھی منتظر پھر رہے ہوں گے۔ مثال کے طور پر وہ اکسائز کمشنر ۔ کپیل۔

سروپا: (آگے بڑھ کر للت کی میز پر سے پیپر ویٹ اٹھا کر دھمکانے کے انداز میں ہاتھ اونچا کرتی ہے) اگر تم نے دوبارہ یہ نام لیا۔ ذلیل! وہ تمھاری طرح نہیں ہے۔ وہ تو ایک فرشتہ ہے۔

للت: تم ایسی فرشتہ خصلت کے لیے اس سے شادی کرنے کا یہی سب سے بڑا جواز ہو سکتا ہے۔ کہتے ہیں کہ شادیاں آسمان پر طے پاتی ہیں۔ اور تمھاری دوسری شادی بھی وہیں سنہرے بادلوں سے پرے منائی گئی ہوگی۔

سروپا: بکواس بند کرو۔

للت: میں صرف ایک مفید مشورہ دے رہا تھا۔ مجھ سے علاحدگی کے بعد تم دوسری شادی کیوں نہیں کر لیتیں، اور کپیل دولت مند بھی ہے۔ اگرچہ اتنا امیر نہیں جتنا دید اگر وال ہے۔

سروپا: (دھمکانے کے انداز میں للت کی طرف انگلی اٹھاتی ہے۔) ٹھیک ہے۔ اسی منٹ گھر چھوڑ کر چلے جاؤ۔ یہ اب میرا مکان ہے۔

للت: میرا خیال تھا کہ میرے رخصت ہونے سے پہلے ہم کو تحریر میں بعض امور کی تکمیل کرنی ہوگی۔

سروپا: ہاں۔ میں تمام کاغذات پر دستخط کر دوں گی۔ رذیل! کم بخت۔!

(وہ کمرے سے باہر نکل کر زور سے دروازہ بند کرتی ہے۔ للت اپنی کرسی میں دھنس جاتا ہے۔ اور خالی نظروں سے کھڑکی کو گھورنے لگتا ہے)

(پردہ)

تیسرا منظر

دوسرے دن۔ قریب چھ بجے شام۔ ہوٹل کا ایک کمرہ۔ مشجری پارٹیشن کمرۂ نشست کو خواب گاہ سے الگ کرتا ہے۔ نشست گاہ میں ایک صوفہ، ایک چھوٹی میز، اور ایک گدے دار اسٹول نظر آتا ہے۔ دریچے کے قریب ایک لکھنے کی میز پر گل دان رکھا ہوا ہے اور ایک چھوٹا سا ٹرانزسٹر ہلکی موسیقی سنا رہا ہے۔ کافی کی میز پر چند پرانے رسالے رکھے ہوئے ہیں۔ نیلا جو ایک تیس سالہ خاتون ہے ایک رسالے کا مطالعہ کر رہی ہے۔ چہرے کی شگفتگی سے داخلی احساس نمایاں ہے۔ فون کی گھنٹی بجتی ہے۔ نیلا میگزین رکھ کر رسیور اٹھاتی ہے۔

•

نیلا: آہ للت۔ تم ابھی تک وہیں ہو۔ مجھ سے ملنا چاہتے ہو؟ جس وقت اور جہاں چاہو، کیا؟ .... گزشتہ رات سو نہیں سکے؟ لیکن وہ تمھاری شادی کی سالگرہ تھی۔ بہر حال تم سو نہیں سکے۔ (ہلکی سی ہنسی) نہیں۔ نہیں۔ مذاق اڑانا میرا مقصد نہیں تھا۔ دو زخ؟ لیکن ہوا کیا؟ یوں لگتا ہے تمھاری حالت ٹھیک نہیں ہے۔ اچھا، فون پر مناسب نہیں۔ تب سیدھے یہاں چلے آؤ۔ میرے کمرے کا نمبر..... تیسری منزل پر کونے کا کمرہ ہے۔ (نیلا رسیور رکھ دیتی ہے گدّے دار اسٹول کے پیچھے دیوار پر لگے ہوئے آئینے کے قریب جاکر اپنی ساری کی تہریاں درست کرتی ہے۔ وہ شدّتِ احساس سے بے چین ہے۔ دروازے پر نظریں جمائے کمرے میں ٹہلنے لگتی ہے۔

اچانک ڈسک کے پاس جاتی ہے اور ٹرانزسٹر بند کر دیتی ہے گویا وہ اس کے خیالات میں مخل ہو رہا تھا۔ چند لمحوں بعد وہ اسے دوبارہ چالو کر دیتی ہے نیچے غلام گردش میں قدموں کی چاپ سنائی دیتی ہے۔ پھر ہلکی سے دستک ہوتی ہے۔ وہ تیزی کے ساتھ دروازے کی طرف بڑھتی ہے۔

نیلا: (شرماکر) للت! (صوفے کی طرف اشارہ کرکے) بیٹھو گے نہیں؟ تمھارا تازہ اداریہ پڑھ رہی تھی، تم بالکل نہیں بدلے! یا بدل گئے ہو۔؟

للت: بہت بدل گیا ہوں۔ گزشتہ رات سے۔ صرف ایک لحاظ سے نہیں بدلا۔ (سگریٹ نکالتا ہے) یہ (انگلیوں میں سگریٹ پکڑ کر) تم کچھ خیال تو نہیں کروگی اگر۔

نیلا: ضرور پیو۔ (سگریٹ کو قریب سے دیکھتے ہوئے) یہ ابھی تک "ریجنٹ" ہی ہے۔

للت: ایک طرح کی وابستگی۔ میں سمجھتا ہوں۔

نیلا: ہاں تو ہم یہاں تین طویل برسوں کے بعد مل رہے ہیں۔

للت: مہربانی کر کے مجھے اس کی یاد نہ دلاؤ۔ میں تو ہمیشہ.....

نیلا: ہاں۔ تم فون پر کچھ دل گرفتہ سے محسوس ہو رہے تھے۔ (وقفہ) ہوا کیا؟

للت: وہ تمھارا مبارک باد کا کارڈ تھا جس نے ساری آگ بھڑکائی۔

نیلا: (قدرے استعجاب کے ساتھ) میرا کارڈ؟ لیکن اس میں ایسی کوئی بات نہ تھی۔

للت: کچھ نہ ہونا ہی اس کے لیے بہت کچھ ہے۔ اس نے محسوس کیا کہ وہ دل کی شکل کا ہے۔ اور سنہری فیتہ بندھا ہے..... بہرحال مجھے خوشی ہے کہ سب ختم ہو گیا۔

نیلا: نوبت یہاں تک پہنچ گئی؟ (وقفہ) آج ونود کا فون آیا تھا۔ اس نے بتلایا کہ انھوں نے پارٹی میں بہت ہی ناگواری پیدا کی۔

للت: یہ واقعہ تو پارٹی کے بعد پیش آیا۔ حقیقی دھماکہ۔

نیلا: یہ سب میرے کارڈ کے سبب ہوا۔ مجھے سخت افسوس ہے۔

للت: نہیں۔اس کے لیے تم قصوروار نہیں ہو۔ یہ تو جلد یا بہ دیر ہونا ہی تھا۔ ہم ہمیشہ کے لیے ایک دوسرے کے ساتھ نہیں رہ سکتے تھے۔

(نیلا للت کے پیچھے کھڑی ہو جاتی ہے اور اپنی انگلیاں اس کے بالوں میں پھیرتی ہے وہ اس کے چہرے پر نظر ڈالتا ہے اور پھر آنکھیں جھکا لیتا ہے)

میں جہنم میں سے گزر رہا ہوں۔ مجھے امید ہے کہ جلد ہی یہ قصہ ختم ہو جائے گا۔

نیلا: (کچھ سوچتے ہوئے) میں سوچ رہی تھی جب انھوں نے میرا کارڈ دیکھ لیا تھا تو یہ چاہیے تھا کہ وہ مجھے مدعو کرتیں۔

للت: میرے لیے یہ کوئی خلافِ توقع بات نہیں۔ حیرت ہے کہ یہ خیال خود میرے ذہن میں کیوں نہیں آیا۔

نیلا: عورت کی چھٹی حس۔

للت: اور اگر وہ دکھاوے کے لیے ایسا کر بیٹھے؟۔

نیلا: (اس کے بازو صوفے پر بیٹھ جاتی ہے اور اس کی آنکھوں میں آنکھیں ڈال کر) میں انھیں ہر بات بتا دوں گی۔

للت: کیا؟

نیلا: یہ کہ میں تم سے بے حد محبت کرتی ہوں۔ میں ہمیشہ تمھاری راہ دیکھتی رہی ہوں اور میں تمھیں صحیح یا غلط کسی بھی طریقے سے حاصل کر کے رہوں گی۔

للت: مجھے ابدی بندھن میں جکڑ دینے کا یہ سب سے یقینی طریقہ ہوتا۔ تم کتنی سادہ اور معصوم ہو۔ (وقفہ) اگر تم مجھے رہائی دلانا چاہتی ہو تو ایسے موقع پر تمھیں چاہیے کہ مجھ پر بہتان باندھو۔ تہمت لگاؤ۔

نیلا: جھوٹی؟

للت: جھوٹ اور محبت بعض اوقات ساتھ ساتھ چلتے رہتے ہیں۔

نیلا: دیکھا جائے گا۔ تم نے کافی تکلیف اٹھائی۔ تم جانتے ہو میں یہاں کس لیے آئی۔ میرا ایک پاگل خواب مجھے یہاں کھینچ لے آیا

للت: کیا؟

نیلا: میں نے خواب میں دیکھا کہ تم ایک آگ کے ہالے میں سے چھلانگ لگانے کی کوشش کر رہے ہو۔ لیکن تم ایسا نہیں کر سکے۔ ونود اور میں نے تمھیں آگ میں سے کھینچ نکالنے کی کوشش کی لیکن..... اور اب یہاں میں تمھیں اس تمام عذاب سے گزرتے ہوئے دیکھنے آئی ہوں۔ اور وہ بھی تمھاری شادی کی سال گرہ پر۔

للت (ٹھنڈی سانس بھر کر) پارک میں وہ شام تمھیں یاد ہے۔ اس میں تمام قصور میرا تھا۔

نیلا: اب اسے رہنے دو۔ یہ تو ہونا ہی تھا۔ تمھاری انا اور اس خاتون کا پیغام اس بار میں محسوس کرتی ہوں کہ مجھے......

للت: (اس کا ہاتھ اپنے ہاتھ میں لے کر) بھگوان کے لیے اب یہ سب کچھ مت کہو۔ میں پہلے ہی غم سے نڈھال ہو رہا ہوں۔

نیلا: میں معافی چاہتی ہوں۔ لیکن کیا تم یہ سمجھتے ہو کہ وہ تم کو سچ مچ چھوڑ دے گی۔

للت: مجھے اس کی پوری قیمت چکانی ہوگی۔ جو کچھ بھی اس وقت میرے پاس ہے۔ میری تمام ملکیت اور جائداد۔

نیلا: (تعجب سے) لگتا ہے وہ تمھیں ننگا کر دینا چاہتی ہے

للت: مجھے اس کی کوئی پروا نہیں۔

نیلا: ہو سکتا ہے کہ اس طویل و تاریک سرنگ کے کنارے پر روشنی ہو (وقفہ) میں نے تم کو بتایا نہیں کل رات میں نے ایک اور خواب دیکھا۔ ہم پارک میں اسی بنچ پر بیٹھے ہیں۔ وہ چھوٹی سی لڑکی یاد ہے جس نے قریب آکر ہم کو ایک چھوٹا سا پھول دیا تھا۔ میں سمجھتی ہوں وہی لڑکی تھی اور وہی پھول۔ فرق صرف یہ تھا کہ اس بار پھول اس کے

ہاتھ میں کانپ رہا تھا اور بڑھ کر ہر طرف پھیل گیا تھا۔ تب وہ اچانک اندھا ہو گیا۔ یہاں تک کہ وہ ایک نہایت وسیع شامیانہ دکھائی دینے لگا جس کے نیچے کئی مرد۔ عورتیں اور بچے ہنس رہے ہیں اور ناچ رہے ہیں۔ وہ سب گہری اور کبھی خالی نہ ہونے والی ٹنکیوں سے پانی پینے لگے۔ اس جشن کے بعد وہ ہمارے قریب آئے اور مسکرانے لگے۔ صرف مسکراتے رہے۔

للت: (متاثر ہو کر) یہ خواب مجھے زیادہ پسند آیا، اب اس خواب کو گولی مارو۔ میری جان۔ اور اب ہمیشہ کے لیے بھیانک سپنے ختم۔

نیلا: اور نہ ہی مزید کوئی دکھ۔ (اپنی آنکھوں سے نمی پونچھتی ہے) بھگوان نے یہ سب کیوں مقدّر کیا۔ یہ تمام انتظار (اچانک جذباتی ہو کر) میں تم سے پیار کرتی ہوں للت۔

(للت صوفے سے اٹھ کر فرش پر گھٹنے ٹیک دیتا ہے اور اپنا سر نرمی کے ساتھ اس کے زانو پر رکھ دیتا ہے)

للت: مجھے تمہاری ضرورت ہے۔ میری مدد کرو.....

(اچانک دروازے پر دستک ہوتی ہے۔ للت کھڑا ہو جاتا ہے۔ نیلا اپنی ساری ٹھیک کرتی ہے اور بالوں کو دبا کر درست کرتی ہے۔ دونوں بہت پریشان ہیں۔ تب نیلا ٹرانزسٹر چالو کر دیتی ہے اور للت کو پارٹیشن کے پیچھے چھپ جانے کا اشارہ کرتی ہے۔ اس دوران دوبارہ دستک ہوتی ہے۔ نیلا یہ اطمینان کر لینے کے بعد کہ للت کی موجودگی کا کوئی نشان وہاں نہیں ہے۔ دروازہ کھولنے کے لیے بڑھتی ہے)

نیلا: کون؟

(کوئی جواب نہیں ملتا۔ تیسری بار دستک ہوتی ہے۔ نیلا دروازہ کھولتی ہے اور روپا داخل ہوتی ہے۔ اس کی نظریں تجسّس کے ساتھ اطراف دوڑتی ہیں۔

روپا: (نہایت خوش خلقی کے ساتھ) اس مداخلت کے لیے میں بے حد معافی چاہتی ہوں۔ (محبت آمیز مسکراہٹ کے ساتھ) میں مسز للت کھنہ ہوں۔ میں اس طرف سے گزر رہی تھی

میں نے سوچا کہ ہماری سال گرہ کی شادی پر آپ نے جو مبارک باد بھیجی تھی اس کے لیے شخصی طور پر شکریہ ادا کروں۔ (وقفہ) میرے شوہر اکثر آپ کا ذکر کرتے ہیں۔

نیلا: (کسی قدر اپنے حواس مجتمع کر کے۔ ٹرانزسٹر بند کر دیتی ہے) آپ سے مل کر بڑی مسرّت ہوی۔ تشریف رکھیے۔

رُدپا: شکریہ۔ سچ کہیے میں حارج تو نہیں ہو رہی ہوں۔ میں سمجھی تھی کہ یہاں اندر کوئی مہمان ہے۔ باہر کچھ آوازیں سنائی دے رہی تھیں۔ میں تو بس لوٹنے ہی کو تھی۔

نیلا: (اب پوری طرح سنبھل کر) یہاں کوئی نہیں تھا۔ ٹرانزسٹر کی آواز تھی۔ کچھ عجیب سا ڈرامہ تھا۔ ایک مرد اور ایک عورت کی محبّت۔

رُدپا: (کسی قدر مطمئن ہو کر) اوہ یہ بات تھی (لیکن وہ اب بھی مزید اطمینان کی غرض سے اطراف نظر ڈالتی ہے)

نیلا: آپ کیا پئیں گی۔

رُدپا: آپ بالکل زحمت نہ کیجیے۔

نیلا: نہ، کچھ تو لینا ہی ہوگا۔

رُدپا: اگر آپ کا اتنا ہی اصرار ہے تو کوئی ہلکی سی چیز۔

نیلا: ضرور۔ میں آپ کے لیے منگواتی ہوں۔ (وہ سروس کاونٹر کو فون کرتی ہے اور دو گلاس شربت کا آرڈر دیتی ہے)

رُدپا: آپ ہماری پارٹی میں کیوں نہیں آئیں۔ للت نے مجھے آپ کا کارڈ دکھایا تھا۔ آپ کتنا خیال رکھتی ہیں۔ آپ ہمارے ساتھ شریک ہوتیں تو ہم کو بہت خوشی ہوتی۔ ونود بھی وہاں موجود تھے۔

نیلا: واقعی وہ آئے تھے؟ بہت ہی خوش مزاج آدمی ہیں۔ میں بڑے شوق سے وہاں آتی۔ کالج کے پرانے ساتھیوں سے ملاقات ہی ہو جاتی۔ لیکن میری طبیعت کسی قدر خراب تھی۔

روپا: اب کیسی ہے؟

نیلا: بالکل ٹھیک ہے۔ شکریہ!

روپا: پرانے دوستوں سے ملاقات کرنے کے بعد آپ کچھ بحالی محسوس کریں۔ (وقفہ۔ روپا کے چہرے پر سنجیدگی ابھر آتی ہے) مس اڈوانی۔ میں صاف گو ہوں۔ زیادہ ہیر پھیر پسند نہیں کرتی اس لیے براہِ راست اصل موضوع پر آجاؤں گی۔

نیلا: براہ کرم جو بات ہو کہہ ڈالیے۔

(بیرا ایک کشتی میں شربت کے دو گلاس لیے داخل ہوتا ہے۔ نیلا ایک گلاس روپا کو پیش کرتی اور دوسرا خود اپنے لیے اٹھاتی ہے۔ بیرا چلا جاتا ہے)

روپا: (نزاکت کے ساتھ شربت پیتے ہوئے) گزشتہ شب پارٹی کے بعد ایک واقعہ پیش آیا۔ ہم دونوں میں سخت تکرار ہوگئی اور وہ آج صبح سویرے گھر سے چلے گئے۔ میں ونود کے ہاں گئی لیکن وہ موجود نہیں تھے۔ میں نے خیال کیا کہ شاید وہ آپ سے ملاقات کے لیے آئیں۔ میں پریشان ہوں۔ وہ کوئی خطرناک اقدام نہ کر بیٹھیں۔ ان سے کچھ بعید نہیں ہے۔ میں ٹھیک کہہ رہی ہوں نا۔

نیلا: ہاں، ہاں بہت ہی جلد باز اور فسادی۔ مطلب، کالج کے زمانے میں وہ ہم سب کے ساتھ اسی طرح پیش آتے تھے۔ ہم ان کو مسٹر تشدّد کہا کرتے تھے۔

روپا: (نہایت اشتیاق سے) سچ، بڑی دلچسپ بات ہے۔

نیلا: ہوسکتا ہے کہ اب وہ بدل گئے ہوں۔ شادی کے بعد سے آج تک میں ان سے ملی نہیں۔ اور اب اتفاق سے ایک خانگی کام کے سلسلے میں شہر آئی تھی اور ونود نے آپ کی شادی کی سالگرہ کے بارے میں مجھے بتایا تھا۔

روپا: (خیالات میں ڈوبی ہوئی) اوہ۔ میں سمجھی۔ اور آپ کا یہ رنگین مزاج ہم جماعت کل رات ایک عورت سے فلرٹ کر رہا تھا۔ ایک ابھرتی ہوئی ادیبہ۔ وہ بھی للت کے اطراف منڈلا رہی تھی۔

نیلا: (حیرت زدہ ہوکر اور کسی قدر غصّے کے ساتھ) کون ہے وہ عورت؟

سادپا: گل مہر۔ وہ ایسی غیر منسلک اشیا میں سے ہے جو ہمیشہ گردش کرتی رہتی ہیں۔

نیلا: (ابھی تک سوچ میں ڈوبی ہوئی ہے) آپ نے یہ کہا تھا کہ للت بھی اس کے ساتھ عشق بازی کر رہا تھا۔

سادپا: یقین کے ساتھ تو نہیں۔ وہ دراصل ونود تھا۔ لیکن وہ دونوں ہر معاملے میں شریک رہتے ہیں۔ یہ میرا خیال ہے۔

نیلا: دلچسپ بات ہے۔

سادپا لیکن تمھارے مسٹر تشدّد گزشتہ رات واقعتاً پاگل ہو گئے تھے۔ انھوں نے مجھے پیپر ویٹ سے مارنے کی کوشش کی۔

نیلا: مجھے اس پر حیرت نہیں ہوی۔ گویا وہ بالکل نہیں بدلے۔ سچ! میں تو دوسرے ہی منٹ انھیں باہر پھینک دیتی۔

سادپا: میں نے تقریباً ایسا ہی کیا۔

نیلا: مجھے خوشی ہوی۔ میری تمام ہمدردی آپ کے ساتھ ہے۔

سادپا: بے حد شکریہ۔ (وقفہ) آپ سے گفتگو کرنے کے بعد مجھے بڑا سکون ملا۔ کوئی چیز جو میرے دماغ میں جم رہی تھی صاف ہوگئی۔ ایک طرح کی دھند تھی جو دور ہو گئی۔

نیلا: آپ کا مطلب ہے میں نے آپ کی کچھ مدد کی ہے۔

سادپا: ہاں۔ ایک اعتبار سے۔

نیلا: اوہ ڈیر۔ لیکن میں آپ کے گھریلو معاملات میں خود کو الجھانا پسند نہیں کرتی۔

سادپا: ہاں، ہاں، میں سمجھتی ہوں۔ لیکن ذرا تصور کیجیے۔ میں ایک مکمل اجنبی کی حیثیت سے آپ کے کمرے میں چلی آئی اور اب میں یہ محسوس کرتی ہوں کہ آپ میری مونس و ہمدرد ہیں۔

نیلا: مجھے خوشی ہے کہ آپ ایسا محسوس کرتی ہیں۔

ساوپا: ایک لحاظ سے ہر عورت کی تقدیر دوسری عورت کی تقدیر سے وابستہ ہوتی ہے۔
نیلا: (بے طرح متاثر ہوکر) ہاں۔
ساوپا: (اٹل لہجے میں) میں سوچتی ہوں کہ اب انھیں چھوڑ دوں۔ ہو سکے تو کل ہی۔
نیلا: کیا؟ براہِ کرم اتنی جلد بازی سے کام نہ لیجیے۔ یہ فیصلے بڑے ہیبت ناک ہوتے ہیں۔
سوپا: بہت غور کر چکی۔ اب عمل کا وقت آ گیا ہے۔ ہم کو بہت پہلے ہی الگ ہو جانا چاہیے تھا۔ شروع ہی سے ہر بات میں بڑی پیچیدگی اور ٹیڑھ پیدا ہوتی رہی۔ تین سال مسلسل دوزخ کا عذاب سہتی رہی۔
نیلا: لیکن۔
ساوپا: نہیں۔ میرا فیصلہ قطعی ہے۔ میں بے حد سکون محسوس کرتی ہوں۔ (وقفہ) کیا میں آپ سے ایک درخواست کر سکتی ہوں۔ اگر آپ مہربانی کریں۔
نیلا: ہاں۔ بتائیے۔
سوپا: اگر للت یہاں آپ سے ملنے کے لیے آئیں تو براہِ کرم ان سے ہماری ملاقات کے بارے میں کچھ نہ کہیں۔ یہ صرف آپ کے اور میرے درمیان ہے۔
نیلا: میں سمجھی۔ ایسا ہی ہوگا۔ مجھے امید ہے کہ آپ کے ساتھ ایسا سلوک کرنے کے بعد وہ یہاں اپنا چہرہ نہیں دکھائیں گے۔
ساوپا: (رخصت ہونے کے لیے کھڑی ہو جاتی ہے) آپ کا بے حد شکریہ۔
(نیلا سوپا کے لیے دروازہ کھولتی ہے اور پھر اپنی کرسی پر لوٹ آتی ہے۔ ذہنی انتشار کی کیفیت میں مطالعے کے لیے ایک رسالہ اٹھا لیتی ہے)
نیلا: تم اب باہر آ سکتے ہو۔ مطلع صاف ہو چکا ہے۔
للت جیسے ہی پارٹیشن کے پیچھے سے نمودار ہوتا ہے وہ اس پر تجسس کی نظریں ڈالتی ہے۔ اوہ۔ یہ جھوٹ اور یہ پہلو دار باتیں۔ مجھے بے حد برا لگتا ہے۔
للت: (اس کی طرف بڑھتے ہوئے) تم نے یہ سب ہماری خاطر کیا۔

نیلا: میں یقین کے ساتھ نہیں کہہ سکتی۔

للت: (کسی قدر متعجب ہوکر) میں سمجھا نہیں۔ کیا تم مجھ سے محبت نہیں کرتیں۔

نیلا: (کسی قدر احتجاج کے ساتھ) میں کرتی ہوں۔ لیکن یہ کون عورت ہے، گُل مہر!

للت: (قہقہہ مار کر) کیا سوال کیا ہے! تم بھی رشک و حسد کے دام میں پھنس گئیں میں سب سے زیادہ اسی بات پر تم سے پیار کرتا ہوں۔

نیلا: (حیران ہوکر) کیا مطلب ہے تمھارا۔

للت: مطلب یہ ہے کہ کاش تم یہ جانتیں کہ میں اس عورت سے کتنی شدید نفرت کرتا ہوں۔ سچ مچ کی بلا ہے۔ اس سے زیادہ اور کچھ نہیں۔ کاش اس وقت ونود یہاں ہوتا تو وہ تم پر ہر بات واضح کرتا۔

نیلا: (اطمینان کا سانس لے کر) نہیں۔ مجھے کسی کی شہادت کی ضرورت نہیں ہے میں صرف تمھاری زبان سے سننا چاہتی تھی۔ مجھے تم پر پورا بھروسہ ہے۔

للت: تب اس بے وقوف مخلوق پر ہم کو زیادہ وقت ضائع نہیں کرنا چاہیے۔ میں تمھیں بتاتا ہوں کہ اس کا اصلی مقصد کیا ہے۔ وہ ونود سے یہ توقع رکھتی ہے کہ اس کے لیے کوئی پبلشر تلاش کرے گا۔ اور میں اس کی کوئی کہانی نہیں چھاپوں گا۔ ہم کو زندگی میں ایسے خود پسند بے وقوفوں کو برداشت کرنا پڑتا ہے۔

نیلا: (پوری طرح مطمئن ہوکر۔ اس کی آنکھوں میں جھانکنے لگتی ہے۔ بس اتنی سی بات ہے۔ مجھ کو سکون مل گیا۔ لیکن تمھاری بیوی کے ساتھ میں نے جو کچھ کیا اس کے لیے خود کو گناہ گار محسوس کرتی ہوں۔ جھوٹ روح کو داغ دار بنا دیتا ہے۔

للت: جھوٹ کا اگر کبھی جواز ہوسکتا ہے تو ایسے ہی موقع پر (وقفہ) اور اب میں چاہتا ہوں کہ تم سے وہ بات کہہ دوں جس کے لیے میں دیر سے منتظر تھا۔

نیلا: (اس کے ارادے کو بھانپ کر) میں جانتی ہوں کہ وہ کیا بات ہے۔ لیکن اس بار مجھے موقع دو کہ وہ بات میں تم سے کہوں۔

للت: نہیں ۔ پلیز۔ جب ایک عورت کی طرف سے وہ بات پیش ہوتی ہے تو کامیاب نہیں ہوتی۔

نیلا: مستثنیات ہر جگہ ہوتی ہیں۔

للت: اچھی بات ہے۔ میری جان۔ تب میں کہوں گا "میں نے قبول کیا۔ قبول کیا۔ قبول کیا"

(للت گلدان سے ایک گلاب کا پھول نکالنے کے لیے میز کی طرف بڑھتا ہے اس کے بالوں میں پھول لگا کر) یہ تمھارے لیے میرا حقیر تحفہ ہے۔ اب یہ پھیل کر ایک منڈپ بن جائے گا۔ اور تب شادیانے بج اٹھیں گے۔

نیلا: (فرطِ انبساط کے ساتھ) میں اپنے دل کی گہرائیوں کے ساتھ اسے قبول کرتی ہوں۔ لیکن شادی کی کوئی سال گرہ نہیں ہوگی۔ پلیز!

شیو۔ کے۔ کمار

پروفیسر شیو۔ کے۔ کمار ۱۶ اگست ۱۹۲۱ء کو لاہور میں پیدا ہوئے۔ ۱۹۴۳ء میں فارمن کرسچین کالج لاہور سے انگریزی ادب میں ایم۔ اے کیا۔ ۱۹۴۵ء سے ۱۹۴۷ء تک ڈی۔ اے۔ وی کالج لاہور میں پڑھاتے رہے۔ پھر دہلی چلے گئے۔ تقسیم ہند کے بعد آل انڈیا ریڈیو دہلی میں پروگرام ایگزیکیوٹیو کی حیثیت سے کام کرتے رہے۔ ۱۹۵۱ء میں کیمبرج گئے اور ''برگساں اور سٹریم آف کانشیسنس ناول'' پر مقالہ پیش کر کے پی ایچ۔ ڈی کی ڈگری حاصل کی۔ ۱۹۵۳ء میں گورنمنٹ کالج چنڈی گڑھ میں شعبۂ انگریزی کے صدر مقرر ہوئے۔ ۱۹۵۶ء میں پنجاب یونیورسٹی میں بحیثیت ریڈر کام کرنے لگے۔ ۱۹۵۹ء سے عثمانیہ یونیورسٹی میں پروفیسر اور صدر شعبۂ انگریزی کی حیثیت سے کام کر رہے ہیں۔ وزیٹنگ پروفیسر کی حیثیت سے دنیا کے مختلف ملکوں کا دورہ کر چکے ہیں۔ انگلستان میں کیمبرج یونیورسٹی امریکا میں ییل یونیورسٹی، ہارورڈ یونیورسٹی، یونیورسٹی آف مینیسوٹا یونیورسٹی، مارشل یونیورسٹی، ڈریک یونیورسٹی اور کینبرا یونیورسٹی میں لیکچر دیے۔ ۱۹۶۹ء میں ناردرن آیووا یونیورسٹی میں انہیں ممتاز پروفیسر کی حیثیت سے بلایا گیا۔ اس کے علاوہ ماسکو اور ہانگ کانگ کی یونیورسٹیوں میں خصوصی لیکچر دیے۔ ۱۹۷۱ء سے ۱۹۷۳ء تک یو جی سی نیشنل پروفیسر رہے۔ بی بی سی ن اور آل انڈیا ریڈیو سے شاعری کا پروگرام دینے کے علاوہ اپنا کلام بھی نشر کر چکے ہیں۔

پروفیسر کمار انگریزی کے ممتاز شاعر، ادیب اور نقاد ہیں۔ پروفیسر کمار کی نظمیں نیویارک ٹائمز، ہمسفیر، ایریل، ویسٹرن ہیومینٹیز ریویو، ویسٹ انڈو انجن، ہندوستان ٹائمز، ٹائمز آف انڈیا، تھاٹ وغیرہ رسالوں میں چھپتی رہی ہیں۔ ۱۹۷۴ء میں انہیں انٹرنیشنل ہو از ہو اِن پوئٹری (کیمبرج) کی طرف سے اوارڈ دیا گیا۔ آج کل السٹریٹڈ ویکلی آف انڈیا کے شعری حصے کے اعزازی ایڈیٹر ہیں۔

ان کے دو شعری مجموعے آرٹیکولیٹ سائلنسز (۱۹۷۰ء) اور کاب وِبس ان دی سن (۱۹۷۲ء) شائع ہو چکے ہیں۔ تیسرا مجموعہ کلام سبٹرفیوجز زیر طبع ہے۔ تنقید کی تیرہ چودہ کتابیں چھپ چکی ہیں۔ جن میں ''برگساں اینڈ دی سٹریم آف کانشیسنس ناول''، ''برٹش وکٹورین لٹریچر''، ''برٹش رومانٹک پوئٹری''، ''کریٹیکل اپروچس ٹو فکشن'' اور ''ایسیز آف ہکسلے'' قابل ذکر ہیں۔ پہلی تین کتابیں نیویارک یونیورسٹی پریس اور باقی میک گرا ہل نے شائع کیں۔

پروفیسر کمار کی کئی کہانیاں السٹریٹڈ ویکلی، فیمینا، کیراوان، آندھرا پردیش اور دوسرے رسالوں میں چھپ چکی ہیں اور ان کے ترجمے اردو اور ہندی میں شائع ہوئے ہیں۔ پروفیسر کمار کا ڈراما ''لاسٹ ویڈنگ اینیورسری'' جس کا اردو ترجمہ ''شادی کی آخری سال گرہ'' کے نام سے پیش کیا جا رہا ہے پہلی بار انگریزی رسالے ''اینیکٹ'' (نومبر ۱۹۷۴ء) میں چھپا تھا جسے بعد ازاں میکملن کمپنی نے کتاب کی صورت میں شائع کیا۔

www.ingramcontent.com/pod-product-compliance
Lightning Source LLC
LaVergne TN
LVHW010413070526
838199LV00064B/5285
9788119022854